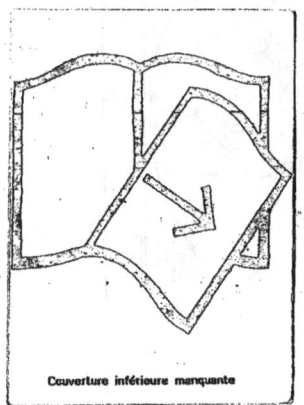

Couverture inférieure manquante

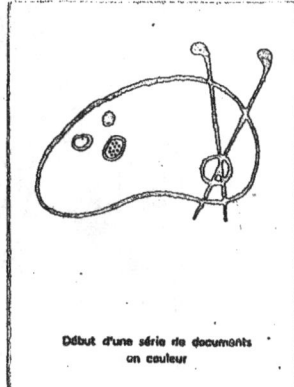

Début d'une série de documents en couleur

LE GROS LOT

par

XAVIER DE MONTEPIN

TOME TROISIÈME

PARIS
E. DENTU, ÉDITEUR
PLACE DE VALOIS, PALAIS-ROYAL

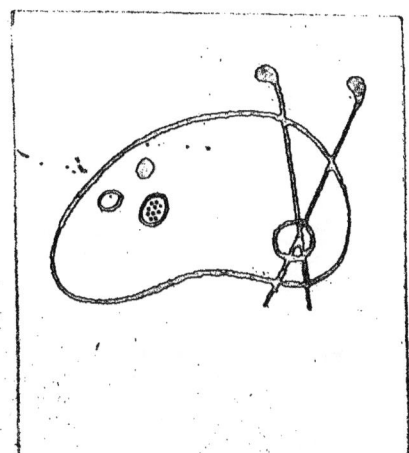

Fin d'une série de documents en couleur

LE
GROS LOT
III

LIBRAIRIE E. DENTU, ÉDITEUR

DU MÊME AUTEUR

	fr.		fr.
Les Amours d'Olivier (suite et fin de la *Baladine*), 3ᵉ édit., 2 vol.	6	La Maîtresse masquée, 3ᵉ édit., 2 vol.	6
Les Amours de Province, 2ᵉ édit., 3 vol.	9	La Marquise Castella 3ᵉ éd., 2 vol.	
La Bâtarde, 3ᵉ édit., 2 vol.	6	Le Mari de Marguerite, 14ᵉ édit., 3 vol.	
La Baladine, 3ᵉ édit., 2 vol.	6	Les Maris de Valentine, 3ᵉ édit., 2 vol.	6
Le Bigame, 6ᵉ édit. 2 vol.	6	Sa Majesté l'Argent, 6ᵉ édit., 5 vol.	15
La Voyante, 2ᵉ édit., 4 vol.	12	Le Médecin des Folles, 5ᵉ édit., 5 vol.	15
I. — Blanche Vaubaron, 2 vol.		P.-L.-M., 3ᵉ édit., 6 vol.	18
II. — L'Agence Rodille, 2 vol.		I. — La Belle Angèle, 2 vol.	
Le Crime d'Asnières, 4ᵉ édit., 2 vol.	6	II. — Rigolo, 2 vol.	
I. — L'Entremetteuse.		III. — Les Yeux d'Emma-Rose, 2 vol.	
II. — La Rastaquouère.		Les Pantins de Madame le Diable, 4ᵉ édit., 2 vol.	6
Le chalet des Lilas, 3ᵉ édit., 2 vol.	6	Une Passion, 4ᵉ édit., 1 vol.	3
Une Dame de Pique, 3ᵉ édit., 2 vol.	6	Le Parc aux Biches, 3ᵉ édit., 2 vol.	6
Une Débutante, 3 édit., 1 vol.	3	La Porteuse de Pain, 3ᵉ édit., 6 vol.	18
La Demoiselle de Compagnie, 3ᵉ édit., 4 vol.	12	Le Roman d'une Actrice, 3ᵉ édit., 2 vol.	9
Le dernier duc d'Hallali, 3ᵉ édit., 4 vol.	12	I. — Paméla des Variétés.	
Deux Amies de St-Denis, 4ᵉ édit., 1 vol.	3	II. — Madame de Franc-Bolay.	
Deux Amours, 4ᵉ édit., 2 vol.	6	Le Secret de la Comtesse, 5ᵉ édit., 2 vol.	6
I. — Hermine.		I. — Le Capitaine des Hussards.	
II. — Odille.		II. — Armand.	
Un Drame à la Salpétrière, 2ᵉ édit., 2 vol.	6	Le Secret du Titan, 2ᵉ édit., 2 vol.	6
Le Fiacre nº 13, 6ᵉ édit., 4 vol.	12	Simone et Marie, 3ᵉ édit., 6 vol.	18
La Fille de Marguerite, 3ᵉ édit., 6 vol.	18	Son Altesse l'Amour, 4ᵉ édit., 6 vol.	18
Les Filles de Bronze, 5ᵉ édit., 5 vol.	15	La Sorcière Rouge, 4ᵉ édit. 3 vol.	9
Les Filles du Saltimbanque, 2ᵉ édit., 2 vol.	6	Les Tragédies de Paris, 7ᵉ édit., 4 vol.	12
I. — La Comtesse de Kérouai.		Le Ventriloque, 4ᵉ édit. 3 vol.	9
II. — Berthe et Georgette.		I. — L'Assassin de Mariotte.	
Jean-Jeudi, 5ᵉ édit. 2 vol.	6	II. — La femme du Prussien.	
Madame de Trèves, 8ᵉ édit., 2 vol.	6	III. — Le Mari et l'Amant.	
La Maison des Mystères, 2ᵉ édit., 2 vol.	6	La Veuve du Caissier, 8ᵉ édit., 2 vol.	6
La Maîtresse du Mari, 5ᵉ édit., 1 vol.	3	La Vicomtesse Germaine, 7ᵉ édit., 3 vol.	9

ÉMILE COLIN. — IMPRIMERIE DE LAGNY.

XAVIER DE MONTÉPIN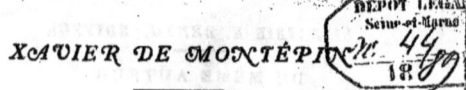

LE

GROS LOT

III

PARIS
E. DENTU, ÉDITEUR
LIBRAIRE DE LA SOCIÉTÉ DES GENS DE LETTRES
PALAIS-ROYAL, 15-17-19, GALERIE D'ORLÉANS
ET 3, PLACE VALOIS

1888
(Tous droits de traduction et de reproduction réservés)

LE GROS LOT

TROISIÈME PARTIE

1

— On est venu vous demander plusieurs fois... — dit la concierge à la jeune fille.
— Qui ça? — fit Marie-Jeanne.
— Des messieurs que je ne connais pas... et encore ce matin...
— Qu'est-ce qu'ils voulaient?
— Je n'en sais rien.
— M. de Quercy s'est-il amené?
— Non, madame.
— Je monte faire ma malle et je pars en voyage.

La fugitive de Bonneuil gravit rapidement l'escalier et s'enferma chez elle.

Juste à ce moment, les deux hommes que nous avons vus monter la garde dans la rue ouvrirent la porte de la loge.

— C'est mam'zelle Marie-Jeanne qui vient de rentrer? — demanda l'un d'eux.

— Oui, monsieur.

— A quel étage demeure-t-elle?

— Au second, la porte à gauche.

Les deux hommes montèrent, et celui qui avait questionné sonna :

Une voix cria depuis l'intérieur :

— Qui est là?

— Quelqu'un de la part de M. de Quercy.

— Attendez, je vais ouvrir...

Au bout d'une seconde la porte tourna sur ses gonds.

En voyant la mine plus que suspecte des visiteurs, Marie-Jeanne effrayée recula et voulut s'enfermer chez elle; mais il était trop tard! — Elle fut repoussée dans l'antichambre où les deux hommes entrèrent avec elle.

Croyant à une invasion de malfaiteurs, elle ouvrait la bouche pour appeler à l'aide.

On ne lui en laissa pas le temps.

— Taisez-vous, ma fille, je vous le conseille, si vous tenez à éviter un scandale ! — dit celui des nouveaux venus qui prenait volontiers la parole.

— Mais enfin, que me voulez-vous?

— Vous vous en doutez bien un peu, je suppose... — Il faut nous suivre. — Vous êtes arrêtée par mesure administrative, à la requête de M. le directeur de l'Assistance publique...

— Mais, messieurs, je n'ai rien fait... — commença la fugitive.

— Ça ne nous regarde pas — interrompit l'homme. — Vous êtes bien Marie-Jeanne, ex-apprentie de madame Ligier, blanchisseuse à Bonneuil?

— Oui.

— Eh bien! nous agissons en vertu d'un mandat régulier... — Je vous le montrerai, si vous y tenez... — Suivez-nous de bonne grâce et tout se passera en douceur... — Nous avons un fiacre en bas... — Descendons tranquillement...

— Où me mènerez-vous ?

— A la Préfecture, parbleu!...

— Vous me laisserez bien, au moins, prendre le peu d'argent que j'ai ici?...

— Quant à ça, oui; mais que ce soit vite fait.

Marie-Jeanne, comprenant bien que toute résistance serait inutile, s'était résignée.

Elle ouvrit un meuble, mit dans son porte-monnaie deux ou trois billets de cent francs et quelques louis qui se trouvaient au fond d'un tiroir, suivit les agents et monta en leur compagnie dans le fiacre qui roula, et ne s'arrêta qu'à la Préfecture.

La jeune fille fut conduite au greffe du dépôt; — on lui enleva la médaille qu'elle portait au cou, et on l'installa dans la cellule où Claire Gervais, la vraie Jeanne-Marie, avait passé deux nuits.

Ceci fait, on envoya un agent avenue Victoria avec mission de remettre la médaille au directeur de l'Assistance publique et de lui annoncer que le mandat délivré sur sa demande avait reçu son exécution.

Quelques heures plus tard Marie-Jeanne, en attendant son internement dans une maison de correction, était écrouée à Saint-Lazare, dans le bâtiment affecté aux prévenues.

C'est là que se trouvait Claire Gervais.

*
**

Huit jours s'étaient écoulés depuis la scène d'ivresse brutale à laquelle nous avons fait assister nos lecteurs, et dont la villa des Trembles, dans les îles Sainte-Catherine, avait été le théâtre.

Léopold Joubert, quoique assez mal remis de l'indisposition, suite du bain glacé pris dans la Marne, commençait à se lever, et plus que jamais se sentait épris de la pâle et chaste enfant qu'il avait voulu si lâchement violenter.

— Depuis huit jours, papa doit avoir pris et repris ses renseignements!... — pensa-t-il. — Je vais lui dire de se dépêcher d'aller de l'avant et de faire oublier à Claire un moment d'erreur, en lui adressant des propositions matrimoniales bien senties...

En conséquence le frêle rejeton de Placide Joubert s'habilla chaudement et, malgré les observations de son valet de chambre qui le voyait chanceler sur ses jambes menues, sortit pour aller déjeuner rue Geoffroy-Marie.

L'homme d'affaires, très ennuyé de ce qui s'était passé chez l'aveugle, n'apercevant aucun fil conducteur, aucune lueur dans les ténèbres, craignant de voir les deux millions et demi du comte Jules de Rhodé lui échapper, était de fort méchante humeur au moment où son héritier présomptif se présenta dans son cabinet.

— Tu es encore malade... tu ne tiens pas debout... — lui dit-il brusquement en le regardant de la tête aux pieds. — Pourquoi es-tu sorti ?

— Eh ! donc, papa, parce que je m'ennuyais de ne point te voir... — répliqua Léopold.

— Est-ce bien là le vrai motif de ta visite ?...

— Le vrai, oui, parole !... mais pas le seul...

— Quel est l'autre ?...

— As-tu donc oublié ce que tu m'avais promis de faire ?...

— Je n'oublie jamais rien.

— Alors, tu as pris les renseignements ?... tu sais bien, les renseignements ?...

— Vas-tu me parler encore de cette Claire Gervais ?...

— Mais, oui, parbleu ! je vais t'en parler, et t'en reparler !... — As-tu pris les renseignements ?...

— Oui.

— Eh bien, alors, va faire la demande !... C'est chose convenue que tu feras la demande si les renseignements sont bons... et ils ont été bons, j'en mettrais ma main au feu ! — Un ange, Claire Gervais !... un ange !

Joubert se leva, croisa ses bras sur sa poitrine et dit d'une voix sourde :

— Sais-tu ce qu'elle a fait, cette fille que tu appelles un ange ?

Léopold, en voyant le visage sinistre et décomposé de son père, fut pris d'une épouvante soudaine.

— Qu'est-ce qu'elle a fait? — balbutia-t-il.

— Elle a volé! — Claire Gervais est une voleuse...

— C'est faux! — cria Léopold avec plus d'énergie qu'on n'aurait cru pouvoir en attendre de lui. — C'est faux! c'est archifaux!!

— Si tu ne me crois pas, va t'informer à la Préfecture de police et au parquet du procureur de la République!... — Tu recevras cette réponse : — *Claire Gervais est à Saint-Lazare!*... — Oui, à Saint-Lazare, la fille que tu voulais épouser!... — A Saint-Lazare, accusée de vol!... — Elle va passer en cour d'assises, et elle en sortira condamnée, car l'évidence l'accable, les preuves l'écrasent!!...

Les yeux hors de la tête, les veines des tempes gonflées, les mains tremblantes de fureur, Léopold marcha sur son père.

— Ah! — dit-il d'une voix rauque et sifflante, — si elle est accusée, c'est que tu as manigancé quelque chose contre elle!... — S'il y a des preuves qui l'écrasent, c'est qu'elles sortent de ta fabrique!... — Si elle est à Saint-Lazare, c'est que tu l'y as fait mettre...

— Moi ! — glapit Joubert, que cette accusation atteignait à l'endroit sensible. — Moi !...

— Oui, toi ! — Oh ! je te connais bien, papa !... Tu es homme à ne reculer devant rien pour arriver au but que tu rêves !... Ce qui te gêne, tu le supprimes !... Claire Gervais te gênait, la pauvre petite malheureuse, tu l'as brisée !... Qu'est-ce que ça te fait, à toi, que cette enfant soit perdue, soit condamnée et qu'elle en meure, pourvu que je ne l'épouse pas ? — Tu as juré sa perte et tu t'es tenu parole ! — Tu as inventé le crime... tu as forgé les preuves... je le sais... je le sens... j'en suis sûr... Mais, tu n'en es pas encore où tu crois ! — Je dirai tout cela aux juges, moi, ton fils !... — Je leur ouvrirai les yeux, et ils ne la condamneront pas !...

Depuis un instant Joubert faisait, pour se contenir, de prodigieux efforts.

En entendant les dernières paroles de Léopold, il lui fut impossible de rester maître de lui-même.

D'un mouvement terrible il prit au collet son héritier et le secoua avec une vigueur que doublait la colère.

— N'touche pas, papa !... N'touche pas !... — Tu m'étrangles !... — balbutiait en vain l'infortuné gommeux, qui perdait la respiration.

II

Placide Joubert, loin de se laisser émouvoir par les lamentations de son fils, n'en serrait que plus fort.

Jamais Léopold n'avait vu son père dans cet état.

L'homme au masque impassible, aux façons correctes et habituellement froides, mais parfois félines ou mielleuses, venait de se transformer tout à coup, s'abandonnant aux brutalités et aux violences qui faisaient le fond de cette nature d'aventurier sans scrupules.

Le gommeux épouvanté crut que l'auteur de ses jours venait d'être atteint subitement de folie furieuse.

— N' touchò pas, papa ! — répéta-t-il d'une voix

éteinte — tu me fais mal !... Je vais appeler à mon secours...

— Tu te tairas ! — dit Placide menaçant — tu te tairas où je t'étrangle !...

— Oui... oui... — balbutia Léopold — je me tairai, mais lâche-moi...

— Je ne te lâcherai que quand tu auras juré de m'obéir.

Et il poussa le jeune homme dans son propre fauteuil, en serrant toujours.

— Ainsi... — poursuivit-il... — ainsi, il ne te suffisait pas d'être un zéro, un inutile, un incapable, un raté ! il faut que tu deviennes nuisible !... — Non content de ne pouvoir me servir en rien, tu veux entraver mes projets... — Tu te permets de m'accuser, de me menacer, moi, ton père !... — Et tout cela pour une coquine, pour une voleuse, qui se trouve à cette heure entre les mains de la justice !... — Eh bien, ma patience est à bout, le moment est venu de t'imposer mes volontés !... De gré ou de force, je te le jure, tu les subiras !...

Et Placide, lâchant Léopold qui avait fait une tentative pour se soulever, le rejeta violemment en arrière.

Le gommeux put enfin reprendre haleine, mais,

toujours épouvanté, il se blottit dans le fond du fauteuil...

— Si peu que tu vailles, Claire Gervais est indigne de toi... — reprit Joubert. — C'est une misérable...

— Je n'en crois pas un traître mot, papa... — bégaya le gommeux — et je l'aime toujours...

Placide, sans daigner répondre à son fils, haussa les épaules et continua :

— Tu ne me parleras jamais de cette fille, entends-tu bien, jamais !... Tu m'obéiras en toutes choses ! Tu épouseras la femme que je t'ordonnerai d'épouser, sinon je te renie, je t'abandonne, je supprime ta pension, je fais savoir à tous les usuriers de Paris que s'ils te prêtent de l'argent ils ne seront point payés, et je m'arrange pour qu'après ma mort tu ne touches pas un sou de ma fortune ! — Ainsi donc, marche droit, ou prends garde !...

Léopold, toujours assis, desserrait le nœud de sa cravate et redressait de son mieux le col de sa chemise fripé par son père.

Ses mouvements et sa physionomie décelaient une violente irritation intérieure.

— Pas de colère muette ! — dit Joubert. — Pas de menaces sourdes ! — Je suis ton maître ! il faut obéir !... Obéiras-tu ?...

— J'obéirai... j'obéirai... — s'empressa de répondre le gommeux sous le coup d'une terreur renaissante.

— C'est bien... — Va m'attendre dans la salle à manger. — Je t'y rejoindrai d'ici à quelques minutes...

Léopold s'empressa de disparaître.

*
* *

Huit jours environ après la petite scène de famille à laquelle nous venons d'assister, Placide Joubert, malgré les grosses sommes dépensées par lui pour payer les agents chargés d'opérer des recherches dans toutes les directions, n'était sur aucune piste pouvant le conduire à la découverte de Jeanne-Marie.

Le notaire d'Alger avait écrit au notaire de la rue de Condé pour lui rappeler que le temps passait et qu'il ne fallait point laisser écouler le délai légal dans l'importante affaire de la succession du comte de Rhodé.

Maître David avait fait donner communication de cette lettre à l'aveugle qui se désolait, et à Placide Joubert.

Celui-ci, dont toutes les combinaisons échouaient,

ne pouvait donner aucune espérance à mademoiselle de Rhodé.

Il regrettait profondément cette *Marie-Jeanne* si malencontreusement employée par son concurrent Jacquier et qui, dans ses mains à lui, serait devenue l'instrument d'un succès certain.

Léopold, retombé complètement sous la coupe de Lucienne Bernier, *faisait la fête* aussi bêtement que de coutume, et trouvait de l'argent chez Jacquier qui lui ouvrait sa bourse avec une inexplicable facilité.

Depuis son incarcération à Saint-Lazare, la pauvre Claire Gervais avait été deux fois conduite chez le juge d'instruction.

La chambre des mises en accusation venait de déclarer qu'il y avait lieu de suivre.

La date de la comparution devant le jury était fixée.

Tous ceux qui au Palais étaient au courant de cette affaire croyaient une condamnation certaine, quoique de nombreux témoins à décharge dussent venir rendre hommage à la moralité de Claire et à sa conduite, jusque-là sans reproche.

Mais une chose perdait la malheureuse enfant.

Elle s'obstinait à soutenir qu'elle n'avait point

parlé à un jeune homme sur le trottoir, devant le magasin.

Or la déposition de Rose, la servante de madame Thouret, prouvait le contraire.

Donc, la présence du jeune homme étant indiscutable et, Claire refusant de s'expliquer à ce sujet, une conclusion s'imposait : celle-ci : — *L'inconnu était un complice !*

Marie-Jeanne, nous le savons, avait été mise à Saint-Lazare quelques jours après l'arrestation de Claire, et logée dans le bâtiment affecté aux prévenues.

Le hasard voulut qu'à l'atelier de couture elle fût placée dans un groupe dont Claire faisait partie, et qu'au dortoir les lits des deux jeunes filles se trouvassent côte à côte.

Aux ateliers, le silence le plus absolu est de règle ; mais, pendant les quelques moments de liberté dans le préau, les détenues peuvent communiquer entre elles.

Toutes deux du même âge et sans cesse à côté l'une de l'autre, elles échangèrent forcément quelques mots, mais très rares d'abord, Claire ayant au cœur une blessure saignante qui la rendait difficilement communicative.

Marie-Jeanne possédait un peu d'argent.

Claire n'avait plus un sou dans son porte-monnaie.

La fugitive de Bonneuil, tête légère, cerveau mal équilibré, mais au fond plutôt bonne que méchante — (nous en avons eu déjà la preuve) — voyant Claire épuisée, souffrante, minée jour et nuit par la fièvre, offrit à sa triste compagne la moitié des *douceurs* que son opulence relative lui permettait de se procurer.

La pauvre Claire, dont la fierté nous est connue, aurait voulu refuser, mais vaincue par l'insistance de Marie-Jeanne elle accepta.

A partir de ce moment leurs relations devinrent plus intimes et leurs conversations plus expansives.

Un jour — un dimanche — les deux jeunes filles, après le repas pris en commun, étaient venues s'asseoir dans un coin isolé du préau.

Jamais ni l'une ni l'autre n'avaient eu l'idée de se questionner réciproquement sur les causes qui motivaient leur présence à Saint-Lazare.

Il n'en fut pas de même ce jour-là.

— Depuis combien de temps êtes-vous ici? — demanda tout à coup Marie-Jeanne.

— Depuis trois semaines... — répondit Claire.

— Et vous avez été conduite chez le juge d'instruction?...

— Plusieurs fois.

— C'est en police correctionnelle que vous passerez ?

— Non... — murmura l'orpheline en laissant tomber sa tête sur sa poitrine. — C'est en cour d'assises...

— Il ne faut point vous faire de chagrin à cause de cela ; — reprit Marie Jeanne — j'ai entendu causer des détenues qui prétendaient qu'en cour d'assises on avait plus de chance d'être acquittée...

— Acquittée ! — répéta Claire avec amertume. — Je ne le serai pas !... je ne peux pas l'être !... tout est contre moi !... tout m'accable !...

— De quoi vous accuse-t-on ?

— D'être une voleuse....

— Ce n'est pas vrai, n'est-ce pas.

— Oh ! non, ce n'est pas vrai ! je le jure... et Dieu m'entend...

— Avez-vous vu un avocat ?

— A quoi bon ?... et d'ailleurs comment ? Un avocat se paye, et je n'ai ni argent ni famille...

— On vous en nommera un d'office.

— Eh ! que n'importe ?... — Il ne pourra rien... personne ne pourrait rien. — Je suis innocente et j'ai l'évidence contre moi... — qu'on me condamne vite et que je meure...

— Mourir! — s'écria Marie-Jeanne. — Ah! par exemple! est-ce qu'il faut penser à mourir?... Il faut songer à vivre, au contraire!... Moi aussi, le premier jour, j'étais désespérée, mais j'ai pris mon parti... — Pour vouloir mourir il faut être lasse de la vie... il faut être vieille, très vieille, et vous êtes toute jeunette. — Vous n'aimez donc personne et personne ne vous aime?

III

— Vous n'aimez donc personne et personne ne vous aime ? — avait dit Marie-Jeanne.

Claire porta rapidement la main à sa poitrine où son pauvre cœur endolori battait à se briser.

— Si j'avais été aimée, — balbutia-t-elle — je ne le serais plus aujourd'hui, car le mépris tue la tendresse...

— Vous êtes orpheline ? — reprit la fugitive de Bonneuil.

— Hélas !... — fit la pauvre enfant, dont les larmes se mirent à couler.

— Voyons, ma petite Claire, il ne faut point vous désoler comme ça... on ne vous condamnera pas à perpétuité, bien sûr, si même vous êtes condamnée, et en sortant vous travaillerez, comme vous faisiez avant le malheur.

— On me refusera du travail...

— Qui sait ? — il faut toujours compter sur l'avenir... — Telle que vous me voyez je ne me désespère pas, et cependant je suis certaine de rester sous les verrous jusqu'à ma majorité...

Claire regarda sa compagne avec étonnement.

— Sous les verrous jusqu'à votre majorité ! — répéta-t-elle.

— Parfaitement bien, dans une maison de correction ; mais, quoiqu'au fond ce soit ma faute, ça paraît bigrement dur, après avoir été au moment de me réveiller dans la peau d'une millionnaire...

— Millionnaire, vous !...

— Oui... moi... C'est une drôle d'histoire, allez...

— Qu'avez-vous fait pour mériter d'être enfermée ainsi ?

— Une forte bêtise... J'ai quitté ma maîtresse d'apprentissage pour m'en laisser conter par un *cocodès*, qui au fond se fichait de moi, comme de Colin-Tampon, je le vois bien à présent...

— Certainement c'était mal ; mais en agissant ainsi, vous ne faisiez de tort qu'à vous-même... — Qui donc a le droit de vous punir si sévèrement ? Est-ce votre père ? votre mère ?

— Non, car, moi aussi, je n'ai point de famille...

— Alors, de qui dépendez-vous ?...

— De l'Assistance publique, dont je suis pupille et qui m'a recueillie après les affaires du siège de Paris et de la Commune.

Claire écoutait avec une attention profonde.

Marie-Jeanne poursuivit :

— J'ai été cueillie sur une barricade, blessée, près d'un homme et d'une femme morts tous les deux, et qui devaient être mon père et ma mère.

— Mais ce que vous me racontez là, c'est mon histoire !... — s'écria Claire stupéfaite.

— Votre histoire ?

— Oui... maman Gervais, ma mère adoptive... la digne femme dont je porte le nom... m'avait trouvée pleurant sur une barricade, près de deux cadavres, le dernier jour de l'insurrection de la Commune.

— Ah ! par exemple, oui, c'est singulier, ça ! — dit Marie-Jeanne. — A quel endroit vous a-t-on ramassée ?

— Rue de la Roquette...

— Encore comme moi ! — Et vous n'avez pas retrouvé vos parents ?

— J'étais trop jeune pour me souvenir de leur nom...

— Toujours comme moi ! — Quel âge avez-vous ?

— Un peu plus de seize ans, je crois.

— Juste mon âge.

— Et d'où devaient venir ces millions dont vous parliez tout à l'heure ?

— C'est justement la drôle d'histoire dont je vous parlais ! — Une brave dame fait chercher partout une enfant, sa fille, qu'on lui a enlevée au moment où elle venait de naître, il y a seize ans. Il faut vous dire que cette miochette se nommait *Jeanne-Marie*, et qu'elle est héritière d'un sac de plus de deux millions... Eh bien ! figurez-vous que ceux qui la cherchent ont cru que c'était moi... — La ressemblance de noms leur mettait cela dans la tête.

— Vous vous appelez donc *Jeanne-Marie* ?

— Je m'appelle *Marie-Jeanne*... C'est presque la même chose...

— Je comprends...

— Alors ils sont venus me trouver avec des papiers qui, selon eux, prouvaient qu'ils ne se trompaient pas, et ils m'ont conduite chez la brave dame qu'ils disaient être ma mère et que, sans la connaître, j'étais en train déjà d'aimer de tout mon cœur.

— Et, alors?

— Alors, patatras ! ! — Juste au moment où, ma

prétendue mère et moi, nous étions en train de nous embrasser en pleurant de nos quatre z'yeux, et en nous serrant dans nos quatre bras, voilà qu'il nous tombe sur le dos un particulier plus laid à lui tout seul que les sept péchés mortels, et ce gêneur s'écrie : — *Tout ça, c'est de la blague ! Vos actes sont vrais, mais la fille est de contrebande ! Qu'elle fasse voir un peu la médaille, pour voir, et on verra !*

Claire tressaillit violemment.

— La médaille ! — répéta-t-elle — Quelle médaille ?

— Une médaille que j'avais au cou, du temps que j'étais bobécharde, et qui devait se rapporter tout à fait à une que possédait ma soi-disant mère...

— Eh bien ?

— Naturellement je montrai la mienne... — Par malheur elle ne ressemblait pas du tout à l'autre... — Je n'étais pas la fille de la dame !... Les millions fichaient le camp !...

Haletante, les tempes mouillées d'une sueur froide, Claire demanda :

— La médaille de cette dame... la médaille à laquelle on devait comparer la vôtre, comment était-elle ?

— En argent...

— A l'image de la Vierge, n'est-ce pas ?...

— Oui... et percée de trois trous...

Claire poussa une exclamation.

— De trois trous formant triangle ? — balbutia-t-elle ensuite.

— Tout juste !... Mais, comment le savez-vous ?... vous la connaissez donc ?

— Cette médaille qu'on vous demandait de présenter, je la possède, moi... — s'écria Claire.

— Vous la possédez !... Mais, alors, vous seriez l'enfant que l'on cherche pour hériter des millions... — Montrez un peu la médaille...

— Elle est chez moi... et cette femme auprès de laquelle on vous a conduite est ma mère...

— Votre mère ! — répéta l'ex-blanchisseuse stupéfaite. — Mais c'est un vrai feuilleton du *Petit Journal*, tout ça !...

— Son nom ? le nom de ma mère, apprenez-le moi vite, je vous en prie, je vous en supplie... — reprit Claire, qu'une émotion violente faisait trembler de la tête aux pieds.

La fugitive de Bonneuil allait prononcer le nom de mademoiselle de Rhodé, mais la voix d'un gardien se fit entendre au milieu du préau.

— Marie-Jeanne... — cria cette voix.

— Attendez... attendez... — dit la jeune fille à Claire — je reviens...

Et elle s'élança vers le gardien qu'elle suivit.

Claire, en proie à un affolement complet, la regardait s'éloigner.

— Ma mère, c'est ma mère... — balbutia-t-elle au bout d'un instant, d'une voix à peine distincte. — Dieu me prendrait donc en pitié... Je retrouverais ma mère...

Soudain un grand frisson, un frisson d'angoisse vint glacer jusqu'aux moelles la malheureuse enfant.

— Retrouver ma mère... — reprit-elle. — M'est-il seulement permis de le désirer ?... Je suis prisonnière... je suis accusée d'un vol... Lorsque par Marie-Jeanne je saurai le nom de ma mère, je ne pourrai pas même aller à elle... car il y a entre elle et moi les portes d'une prison... Mais je pourrait bien lui écrire : — *Mère, je suis votre fille... On m'accuse d'un crime que je n'ai pas commis, je vous le jure!... Défendez-moi, mère... Sauvez-moi!...* — Mon Dieu, si, elle aussi me croyait coupable !... ce serait affreux, mais c'est impossible... Elle n'aura qu'à me regarder... Elle verra bien dans mes yeux que je ne lui mens pas !... — Oh! ce nom... ce nom... qu'il me tarde de le savoir...

Et Claire, prise d'une fiévreuse impatience, se

rapprocha de la porte du préau, attendant le retour de Marie-Jeanne.

Longtemps elle attendit en vain.

Les heures passèrent.

Un son de cloche appela les détenues au réfectoire.

Marie-Jeanne n'avait point reparu.

Une angoisse effroyable s'empara de Claire.

— Si elle ne revenait pas ?... — se dit-elle.

Cette pensée l'anéantit.

L'heure vint de monter au dortoir.

Le lit de l'ex-blanchisseuse touchait, nous le savons, à celui de Claire. — On avait ôté les draps de ce lit.

Une Sœur surveillante procéda, comme chaque soir, à l'appel nominal.

Elle ne prononça point le nom de Marie-Jeanne.

Toute frissonnante, Claire s'approcha d'elle et d'une voix brisée lui dit :

— Ma Sœur, est-ce que Marie-Jeanne est partie ?

— Oui, mon enfant, partie pour le pénitencier... — répondit la religieuse.

Et elle passa.

Claire, brisée de corps et d'âme, se laissa tomber sur son lit.

IV

— Partie!... partie!... — balbutiait la pauvre Claire en se tordant les mains. — Marie-Jeanne est partie sans m'avoir dit le nom de ma mère!! — Et comment maintenant apprendre dans quelle prison on l'a conduite?... Comment lui écrire?... Comment savoir?...

Une fièvre lente minait la malheureuse enfant.

La secousse qu'elle venait de subir augmenta cette fièvre, et le lendemain matin, quand il fallut se lever au coup de cloche réglementaire, c'est à peine si elle pouvait se soutenir; mais elle lutta de tout son courage contre le mal qui l'envahissait.

Avant d'entrer dans les ateliers, les prévenues faisaient un tour de préau.

Claire aborda la religieuse qui lui avait répondu la veille.

— J'aurais une demande à vous adresser, ma Sœur... — lui dit-elle.

— Quelle demande, mon enfant?

— Hier, vous avez bien voulu m'apprendre que Marie-Jeanne avait été transférée dans un pénitencier.

— Eh bien! mon enfant?

— Eh bien! ma Sœur, je suppose qu'il y a plusieurs pénitenciers.

— Sans doute.

— Je voudrais connaître le nom de celui où Marie-Jeanne se trouve...

— Je l'ignore.

— Pourrait-on le savoir au greffe?

— Peut-être... Mais pourquoi?

— Afin qu'il me soit possible d'écrire à Marie-Jeanne.

— Les correspondances entre détenues sont rigoureusement interdites.

Claire se sentit froid au cœur.

— Interdites... — répéta-t-elle.

— Oui, et c'est une règle absolue, qui ne comporte pas d'exceptions...

— Merci, ma Sœur...

La religieuse s'éloigna.

Le dernier espoir de Claire venait de s'envoler.

Elle pleura beaucoup, puis peu à peu le calme lui revint.

— Peut-être vaut-il mieux que je ne sache pas le nom de ma mère... — se dit-elle. — Ma mère voudrait-elle venir me voir en prison? Voudrait-elle me reconnaître, me sachant couverte de honte par une accusation abominable?

Pour se consoler la pauvre enfant cherchait des raisons qui ne pouvaient que la désoler plus encore.

Son état empira pendant plusieurs jours, et elle se décidait à aller à la visite du médecin quand on lui annonça que le lendemain elle serait transférée à la Conciergerie, son affaire allant venir en cour d'assises.

La cour d'assises.

Mots terribles!... — Image sinistre!

Paraître en public devant les juges, devant les jurés!... — S'asseoir sur le banc d'infamie, hanté par les voleurs et par les assassins!... — Sentir braqués sur soi les regards de toute une foule avide d'émotions, curieuse et sans pitié!...

Claire perdait le peu de courage, le peu d'énergie qu'elle avait pu conserver jusqu'à ce jour...

Dans l'après-midi on l'appela au greffe, on la fit monter dans une voiture cellulaire et on la conduisit à la Conciergerie, où on l'écroua.

— Avéz-vous un défenseur ? — lui demanda-t-on le lendemain.

— Non — répondit-elle.

— Pourquoi ?

— Parce que je ne pourrais le payer, n'ayant pas d'argent.

— Le président des assises va vous nommer un avocat d'office.

L'avocat nommé d'office était un jeune homme, plein d'ardeur et de talent — On commençait à l'estimer au Palais, quoique sa position ne fût pas encore faite.

Il eut avec Claire un long entretien, duquel résulta pour lui la conviction que la défense serait difficile.

Sa cliente était innocente, il le croyait, il n'en doutait pas ; mais il n'espérait guère faire partager sa croyance à messieurs les jurés.

Le complice inconnu qu'on supposait à Claire, le jeune homme avec lequel elle avait causé sur le trottoir de la rue Caumartin, devant le magasin de madame Thouret, juste au moment du vol, et qu'elle refusait obstinément de nommer, donnait à l'affaire une tournure déplorable.

Il y avait quatre-vingt-dix-neuf chances de condamnation contre une seule d'acquittement.

2.

Pressée de questions par son défenseur, la jeune fille resta muette. — Rien ne put la décider à prononcer le nom d'Adrien Couvreur.

— Je ferai de mon mieux — pensa l'avocat en se retirant — mais j'ai bien peu d'espoir... ou, pour mieux dire, je n'en ai pas du tout...

Deux jours après cette visite, on prévint Claire que le lendemain elle passerait en jugement.

Elle sanglota pendant des heures et ensuite tomba dans un état de prostration complète.

Le lendemain elle s'habilla, la tête perdue, le cœur plein d'angoisses, et attendit qu'on vînt la prendre pour la conduire sur la sellette des accusés.

Personne au dehors, sauf Adrien Couvreur, ne s'occupait de la malheureuse enfant.

Léopold Joubert, ayant acquis la certitude que Claire était véritablement arrêtée, et que par conséquent il n'y avait plus lieu de songer à elle, s'était attelé de nouveau au char de Lucienne Bernier.

Mademoiselle de Rhodé, tout entière à ses préoccupations douloureuses, n'avait pas complètement oublié Claire, mais ne se souvenait d'elle, de temps à autre, que pour la plaindre.

Adrien, lui, pensait sans cesse à la jeune fille et,

malgré les doutes qui fatalement s'élevaient par instants dans son esprit au sujet de l'innocence de Claire, s'avouait qu'il l'aimait toujours, qu'il l'aimait malgré tout, et qu'il ne parviendrait jamais à la chasser de son cœur, même condamnée et déshonorée...

Mais que pouvait-il?

Absolument rien, nous le savons.

Pour essayer de combattre son chagrin, il se livrait à une existence très active.

D'abord il travaillait énormément à son atelier, où les nombreux tableaux d'une grande féerie prête à passer mettaient les décorateurs en plein coup de feu.

Il avait en outre opéré son déménagement de Paris aux îles Sainte-Catherine, ne gardant son ancien logement que comme un pied-à-terre jusqu'à la fin de sa location.

Tout cela lui avait pris beaucoup de temps et donné le moyen, non d'oublier — il ne le voulait pas — mais de s'étourdir et de penser moins, par conséquent de moins souffrir.

Ce qui ne l'empêchait point, bien souvent, de s'arrêter dans son travail sans en avoir conscience, et de s'abandonner au chagrin qui le mordait au cœur.

Puis il reprenait brusquement possession de lui-même, et il se remettait à la besogne tandis qu'une larme roulait sur sa joue.

Ne lisant jamais de journaux il ignorait à quelle époque Claire comparaîtrait devant ses juges, et ne savait pas si elle serait déférée au jury ou à la police correctionnelle.

Un matin — la veille du terrible jour — Adrien arrivait comme de coutume, vers dix heures, à l'atelier de la rue du Montparnasse.

Le garçon chargé de préparer les baquets à couleurs et les brosses l'accueillit par ces mots :

— Monsieur Couvreur, le patron m'a chargé de vous prévenir qu'il vous attendait...

— Où cela, Mathieu ?

— Dans le petit atelier des maquettes...

— J'y vais...

Le maître décorateur l'attendait en effet.

— Ah ! vous voilà, Couvreur... — dit-il en lui tendant la main. — Eh ! bien, comment cela va-t-il, cette tristesse ?

— Cela va mieux, patron... — fit Adrien avec un sourire contraint. — Rien n'est éternel ici-bas... le chagrin passe... Quand on a beaucoup souffert, on se console...

— A la bonne heure, garçon ! enfin, vous voilà

raisonnable... — Je sais bien que lorsqu'on est amoureux, c'est dur... Mais quand l'amour est mal placé, il faut le couper par la racine... — Vous avez eu raison de suivre mes conseils et de cesser de penser à cette malheureuse fille...

— Ne parlons pas de cela, patron, je vous en prie... — Vous m'avez fait demander?

— Oui, pour vous prier de me rendre un service...

— Je suis toujours prêt... — De quoi s'agit-il?...

— Voici... — Hier, j'ai assisté à l'Ambigu à la lecture d'un drame... un drame pas mal du tout... — Je crois à un joli succès... — J'ai trois décors à faire sur sept... entre autres celui d'un tableau intitulé : *la Cour d'assises*...

Adrien frissonna de tout son corps en entendant ces mots.

Le peintre continua :

— Le directeur et les auteurs veulent que le décor soit *très nature*, d'une exactitude de photographie... — Je vous prie donc d'aller prendre un croquis sérieux... — Supposez que le public du théâtre soit le public de la Cour d'assises... — Il faut par conséquent, à partir de l'avant-scène, reproduire tout entière la salle des séances...

V

— Il faudra sans doute demander une autorisation pour pénétrer dans la salle et prendre le croquis... — dit Adrien.

— Nullement... — répliqua le peintre décorateur — Il y a séance de la cour d'assises tous les jours, et les séances sont publiques... — Vous n'aurez donc qu'à entrer comme tout le monde et vous trouverez de la place, à moins qu'on ne juge un de ces grands procès retentissants qui font courir Paris, et pour lesquels le président distribue des billets... Mais je ne crois pas que ce soit le cas aujourd'hui.

— Et quand même ce serait le cas, je connais un greffier qui me ferait passer... — répliqua Couvreur... — Je compte bien m'adresser à lui afin d'entrer directement, sans être obligé de rester à la queue pendant une heure...

— Prenez-vous-y comme vous voudrez. — Pourvu que j'aie mon croquis demain soir, c'est tout ce qu'il me faut... — J'ai hâte de commencer la maquette et je suis très pressé...

— Immédiatement après déjeuner, demain, j'irai au Palais.

Le lendemain, à dix heures et demie, le jeune homme arrivait au palais de Justice où il n'eut point besoin de recourir à son greffier, car un très petit nombre de curieux attendaient auprès de la porte donnant accès dans la salle des séances.

Quand cette porte s'ouvrit il en franchit le seuil un des premiers, se plaça dans un angle d'où il voyait bien, et se mit en devoir de commencer son croquis avant l'entrée de la cour et du jury.

Adrien, nous le savons, était un dessinateur habile, et cependant, ce jour-là, sa main semblait tâtonner.

Par instants il s'arrêtait, le regard fixé sur le prétoire vide, dont les fauteuils et les bancs allaient bientôt se garnir de juges, de jurés, d'avocats, de témoins et d'accusés.

Et alors sa pensée se reportait vers la pauvre Claire, vers Claire qu'il ne pouvait supposer tremblante d'angoisse en ce moment et prête à venir s'asseoir, entre deux gardes de Paris, sur la sellette infamante.

Il songeait à ses beaux rêves envolés, à son amour toujours vivant, mais flétri, et un nuage de larmes voilait ses yeux.

Adrien fut tiré de sa rêverie par une voix glapissante, — une voix d'huissier audiencier, — qui cria d'abord :

— Silence, messieurs !

Puis, aussitôt après :

— Messieurs, la cour !

Les magistrats s'installèrent dans leurs fauteuils, les jurés prirent place à leurs bancs, et le président déclara la séance ouverte.

La première affaire appelée fut celle d'une jeune femme de vingt-cinq ans, accusée d'infanticide, déclarée coupable, et condamnée, malgré ses protestations et ses pleurs, à dix ans de réclusion.

Les témoins étant très nombreux leur audition avait été longue, et longue aussi l'inutile plaidoirie de l'avocat.

Après le prononcé du jugement il y eut suspension d'audience, et la cour se retira afin de prendre un peu de repos.

Le public aussitôt devint bruyant et des conversations s'engagèrent de toutes parts.

Tout près d'Adrien, dont le travail avançait beaucoup, se trouvaient deux vieilles femmes du peuple qui semblaient des habituées de la cour d'assises, car elles tricotaient comme chez elles.

— Savez-vous qui on va juger tout à l'heure? — demanda l'une de ces femmes à sa voisine, qui répondit :

— Oui... C'est encore une *jeunesse*...

— Pour la même cause?

— Non... — Paraîtrait que, celle-là, c'est une voleuse... — D'après ce qu'on m'a dit, elle aurait subtilisé deux coupons de dentelles à sa patronne...

En entendant ces mots Adrien frissonna de la tête aux pieds.

— Ah! elle a volé sa patronne... — répéta la première des deux femmes.

— Faut croire...

— Une marchande de dentelles?...

— Non, une grande modiste de la rue Caumartin...

Adrien reçut un coup violent en plein cœur.

Aucun doute n'était possible...

C'était Claire Gervais qu'on allait juger...

Et il se trouvait là, dans cette salle!...

— Il allait voir celle qu'il aimait malgré tout se débattre sous l'accusation écrasante... — Il allait entendre la voix du ministère public appeler *voleuse* l'enfant à laquelle il avait voulu donner son nom... — Il allait l'entendre condamner peut-être...

Aurait-il la force et le courage de supporter cela ?

De pâle qu'il était il devint pourpre. — Le sang affluait à son cerveau. — Un instant il se demanda si une congestion foudroyante n'allait pas le délivrer du supplice qu'il endurait.

Quelques minutes s'écoulèrent ; puis la voix glapissante cria :

— Silence, messieurs !... — Messieurs, la cour !

Les magistrats rentraient en séance.

— Introduisez la prévenue, — ordonna le président.

Adrien ferma les yeux et porta la main sur le côté gauche de sa poitrine, où il éprouvait une douleur aiguë.

Lorsqu'il lui fut possible de soulever ses paupières, son regard alla malgré lui droit au banc des accusés.

Comme à travers un voile il vit Claire, livide, le visage amaigri, les paupières rougies.

Alors, sans qu'il en eût conscience, de grosses larmes tombèrent de ses yeux et roulèrent sur ses joues.

Le greffier donna lecture de l'acte d'accusation.

Il était court, — ne portant que sur un seul fait, — et nous ne le reproduirons pas, nos lecteurs connaissant ce fait beaucoup mieux que le magistrat rédacteur de l'acte ne le connaissait lui-même.

Adrien Couvreur se mordait les lèvres à en faire jaillir le sang.

L'accusation parlait d'un complice.

Ce complice existait-il réellement et, s'il existait, qui était-il?

Claire allait être interrogée.

Parlerait-elle?

Le jeune homme attendit avec la plus effroyable, la plus poignante de toutes les angoisses.

— Accusée, levez-vous, — commanda le président.

Claire se leva.

Elle semblait calme, mais un observateur attentif aurait vu que, malgré cette apparence, elle tremblait de tout son corps et se soutenait à peine.

L'interrogatoire commença.

— Vous êtes accusée du vol de deux coupons de dentelles, — fit le président après avoir posé les premières questions de pure forme, — il faut, dans votre intérêt même, dire la vérité tout entière...

— Je la dirai, monsieur... — répondit la jeune

fille d'une voix très faible mais cependant distincte.

— Avouez-vous le vol?...

— Je ne puis l'avouer, monsieur... je ne l'ai pas commis...

— D'après vos propres déclarations, dans la matinée du dimanche 18 mars, veille du jour de votre arrestation, vous avez tiré ces coupons du carton qui les renfermait habituellement, et vous les avez montrés à une dame qui venait acheter un chapeau chez votre patronne...

— La femme que j'ai rencontrée sur le trottoir de la rue Caumartin et sur le pont de Créteil... — pensa Couvreur.

— Oui, monsieur... — murmura Claire. — Le dimanche matin, j'ai tiré les dentelles de leur carton pour les montrer à cette personne.

— Qui selon vous n'a pas voulu essayer le chapeau qu'elle achetait, et dont vous n'avez pu distinguer le visage que cachait une voilette...

— Oui, monsieur...

— C'est vrai... — se dit Adrien. — Je voyais tout depuis la rue... Cette dame a gardé son chapeau...

— Et, — continua le président, — vous avez laissé supposer que cette cliente inconnue était le véritable auteur du vol dont on vous accuse...

— J'ai dit simplement, monsieur, que c'était possible... Il y a une coupable, malheureusement, et ce n'est pas moi...

— De vos premières déclarations il résulte que les dentelles ont été replacées par vous dans leur carton... — Comment aurait-on pu les y prendre...

— Je me suis absentée pendant un instant... — J'ai passé du magasin dans l'atelier, afin d'y chercher un carton pour le chapeau vendu...

— C'est exact... — pensa de nouveau Couvreur, — Je l'ai vue sortir... mais je n'ai pas vu la dame subtiliser quelque chose... — Il est vrai que je regardais Claire, et non la dame...

— Bref, selon vous, on aurait profité de ce moment très court pour commettre le vol... — mais, une fois cette cliente partie, vous avez tout remis en ordre et serré le carton.

— Oui, monsieur...

— Sans vous apercevoir que deux coupons d'une grande valeur avaient disparu?

— Hélas! oui, monsieur...

— Ce moyen de défense est déplorable! — Vous avez pris les dentelles et ce vol était prémédité, car au dehors un complice allait et venait, faisant le guet et attendant le moment où vous pourriez lui remettre les objets dérobés...

VI

Adrien Couvreur tressaillit.

— Mais, le dimanche 18 mars, c'était moi qui attendais ! ! — se dit-il tout frémissant.

— Je ne pouvais avoir de complice, monsieur, puisque je n'ai rien volé... — répliqua Claire d'un ton presque ferme.

— On vous a vue parler à un jeune homme — reprit le président.

— On a cru le voir... On s'est trompé...

— Messieurs les jurés entendront le témoin, absolument digne de foi, qui déposera du fait.

Adrien semblait changé en statue par la stupeur.

— Elle nie que je l'attendais !... Pourquoi nie-t-elle ? — se demandait-il.

Brusquement une lueur traversa son esprit.

— Ah ! l'héroïque enfant ! — se répondit-il à lui-même. — Elle n'a pas voulu me nommer, dans la crainte de me compromettre... et ce prétendu complice, c'est moi !...

— Je vais prouver à messieurs du jury que l'on vous attendait au dehors... — continua le président. — Vous avez dit à madame Thouret qu'en sortant du magasin vous aviez passé l'après-midi et la soirée à travailler chez vous.

— Oui, monsieur.

— Or, précisément ce soir-là, vous n'êtes rentrée qu'à minuit...

— C'est vrai.

— Votre concierge s'étonnant de votre retour à une heure si tardive, et vous manifestant son étonnement, vous lui avez répondu qu'un travail pressé vous avait retenue au magasin... — Est-ce toujours vrai ?

— Oui, monsieur...

— Pourquoi ce double mensonge ?

— Je n'avais pas à rendre compte de mes actes.

— A votre patronne, à votre concierge, je l'admets, quoiqu'on ne songe guère à mentir quand on n'a rien à cacher ; mais vous avez des comptes à rendre à la justice ! — Vous lui devez la vérité...

— Je l'ai dite à M. le juge d'instruction...

— Vous avez inventé une histoire absurde, incroyable. — Vous avez prétendu que vous vous étiez promenée seule au bois de Boulogne pendant toute la soirée et que vous n'aviez pris aucune nourriture jusqu'au moment de votre rentrée, à minuit... — Il est clair que vous vous trouviez avec votre complice, votre amant, qui, à cette heure, profite des produits du vol...

Adrien, en entendant ces derniers mots, poussa une sourde exclamation.

— Silence ! ! — glapit la voix de l'huissier audiencier.

Le jeune homme se contint, mais il avait compris.

Il était prêt à crier au président :

— C'est de la pure folie, tout cela ! — L'homme de qui vous parlez, c'est moi... moi, Adrien Couvreur, un brave garçon, allez !... On peut fouiller ma vie, on n'y trouvera rien de mal !... Je ne suis pas l'amant de Claire, je suis son fiancé et, si elle ne veut point avouer qu'elle a passé la journée avec moi, c'est que la pauvre chère mignonne a peur de me compromettre, et qu'elle suppose peut-être que je la crois coupable... et en cela elle se trompe !... Je ne la soupçonne pas... Je suis sûr de son innocence comme de la mienne !... Elle n'a rien volé, je le jure ! !...

Voilà ce qu'Adrien aurait voulu dire, mais il ne pouvait pas...

L'émotion lui serrait la gorge comme un étau, le paralysant, rendant impossible l'émission des sons, le contraignant à rester muet au milieu de l'auditoire indifférent qui ne devinait point l'effroyable tempête déchaînée dans son âme.

Claire murmura :

— J'ai dit la vérité...

— MM. les jurés apprécieront. — Asseyez-vous...

L'avocat nommé d'office prenait note sur note pendant l'interrogatoire que nous venons de reproduire.

Quand Claire se fut assise, il se leva.

— Monsieur le président veut-il me permettre de lui adresser une requête ?... — demanda-t-il.

— Sans doute.

— Je prierai donc monsieur président de vouloir bien adresser encore une question à l'accusée...

— Une question ? — à quel sujet ?

— Au sujet de cette dame voilée, de cette cliente inconnue, à laquelle l'accusation semble attacher peu d'importance et dont l'importance est au contraire capitale pour la défense... — J'ai relevé dans l'acte d'accusation cette phrase : — *La dite*

Claire Gervais affirme que la dame voilée, venue acheter un chapeau chez madame Thouret, devait revenir le lendemain ou le surlendemain, afin de faire la commmande d'un autre chapeau, dans la garniture duquel entrerait une partie de l'un des coupons de dentelles précieuses qui lui avaient été montrées.

— Eh bien? — fit le magistrat.

— Eh bien! — reprit l'avocat — monsieur le président veut-il, devant messieurs du jury, demander quelques explications à Claire Gervais au sujet du fait relaté dans cette phrase?

— Accusée, — dit le président, — vous avez entendu... — Donnez à messieurs du jury les explications que votre défenseur croit utiles à votre cause... — La dame inconnue avait-elle, en effet, manifesté l'intention de revenir pour un nouvel achat?

— Oui, monsieur — répondit Claire. — Cette dame trouvait mesquine la garniture du chapeau qu'elle achetait, et elle me demanda à voir des dentelles d'un prix élevé. — C'est à ce moment que je plaçai sur le comptoir le carton renfermant des coupons précieux, et que je montrai une pièce de vieux point d'Angleterre.

— Et alors?

— Cette dame me demanda le prix... — Il était

de deux cents francs le mètre, il en fallait deux mètres et demi... — *Peu importe la dépense...* — fit cette dame, et elle ajouta : — *Pouvez-vous me changer séance tenante la garniture ?...* — C'était impossible... Etant seule au magasin il m'aurait fallu au moins deux heures... La dame, alors, se décida à prendre le chapeau tel qu'il était, se réservant, dit-elle, de revenir le lendemain ou le surlendemain en commander un autre, pour lequel on emploierait la dentelle d'Angleterre... Je mis le chapeau dans un carton, et la dame partit en l'emportant.

L'avocat nommé d'office reprit la parole :

— Je remercie monsieur le président de sa bienveillance — fit-il. — Quand le moment sera venu, je reviendrai sur cet incident...

On passa à l'audition des témoins.

Madame Thouret, entendue la première, déposa sur les faits archiconnus de nos lecteurs.

Quand elle eut achevé sa déposition, l'avocat pria le président de lui demander si la cliente qui devait revenir s'était, en effet, présentée à son magasin.

La modiste répondit négativement.

Rose, la servante de madame Thouret, fut ensuite entendue.

Elle seule constituait le véritable témoin à charge, car la modiste, plaignante, n'articulait rien de précis. — On l'avait volée, elle accusait Claire, voilà tout.

La servante au contraire ayant vu, et racontant ce qu'elle avait vu, affirmant la présence d'un jeune homme sur le trottoir, et le rapide entretien de Claire et de ce jeune homme, apportait une arme terrible à l'accusation.

Le point scabreux pour la défense était dans ce mystère que l'accusée refusait d'éclaircir.

Adrien Couvreur, haletant, les mains crispées, les lèvres frémissantes, enfonçait ses ongles dans les paumes de ses mains et déchirait sa chair sans en avoir conscience.

Les autres témoins appelés étaient tous témoins à décharge, et les uns après les autres, à commencer par la concierge de la rue des Lions-Saint-Paul, vinrent affirmer la bonne conduite antérieure et la probité de Claire Gervais.

Mais ces témoignages devaient être d'un poids bien minime dans le plateau de la balance, quand de l'autre côté se trouvait un fait matériel qui semblait prouvé.

Après l'audition des témoins vint le réquisitoire du procureur de la République.

Il était naturellement foudroyant, comme doit l'être tout réquisitoire qui se respecte, et le magistrat terminait en invitant messieurs les jurés à se montrer sévères et à ne point admettre de circonstances atténuantes qui, dans l'*espèce*, n'existaient pas.

Le réquisitoire achevé, le défenseur prit la parole.

Il raconta, en termes émus et par cela même émouvants, l'existence si simple et si pure de sa cliente.

Il la montra aux prises avec la nécessité, avec la misère, exposée à des tentatives de séduction, et sachant conserver intacts son courage, sa dignité, sa pudeur; irréprochable enfin jusqu'au jour où une accusation, aussi odieuse qu'imméritée, venait fondre sur elle et risquait de briser sa vie.

— Cette accusation — poursuivit-il — je vais la discuter, et j'espère bien, avec l'aide de Dieu, la réduire à néant; mais je dois vous le dire avant tout, messieurs les jurés, il est un point sur lequel nous faisons cause commune avec l'éloquent orateur que vous venez d'entendre... — Comme M. le procureur de la République nous vous demandons d'écarter les circonstances atténuantes... — Ma cliente, innocente, a droit à toute votre justice...

— Ma cliente, coupable, serait indigne de votre pitié !... — Or, — qu'il me soit permis d'emprunter une expression pittoresque aux tribunaux anglais — je plaide *non coupable !*...

VII

Le jeune avocat continua :

— Le ministère public refuse d'admettre que la femme inconnue, la femme voilée qui, le dimanche 18 mars, est venue acheter un chapeau chez madame Thouret, soit le véritable auteur du vol dont on nous prétend coupable, et cependant la logique et les faits démontrent sa culpabilité.

« Pourquoi cette mystérieuse cliente a-t-elle refusé d'attendre qu'on garnît le chapeau, qu'elle venait d'acheter, avec les dentelles d'Angleterre qui ont disparu ?

» Parce qu'elle se proposait de voler ses dentelles.

» Pourquoi cachait-elle son visage ?

» Parce qu'elle ne voulait pas courir le risque

d'être reconnue plus tard, après avoir commis le vol prémédité par elle ; oui, prémédité : car, si elle a choisi le dimanche pour son achat, c'est qu'elle savait trouver Claire Gervais seule au magasin ce jour-là, ce qui rendrait facile son odieuse besogne et lui permettrait de s'emparer des deux coupons précieux pendant que la jeune ouvrière irait à l'atelier chercher un carton.

» Cette femme avait annoncé qu'elle reviendrait... — Elle n'a point reparu... — Pourquoi ?

» Parce qu'elle n'avait plus rien à faire chez madame Thouret, sa convoitise étant satisfaite.

» Et ne venez pas me dire que Claire Gervais a payé de sa poche le prix du chapeau pour faire croire à l'existence d'une cliente imaginaire. — Cela ne serait point soutenable puisque Rose, la servante de la modiste, a vu l'acheteuse s'éloigner un carton à la main, et c'est à ce même moment qu'elle a cru voir un jeune homme s'approcher de la porte entr'ouverte et échanger quelques mots avec Claire Gervais.

» L'accusée nie ce fait ; mais, fût-il vrai, fût-il admis, que prouverait-il ? — Absolument rien. — Peut-être un passant s'est-il approché de Claire pour lui demander un renseignement quelconque... — Elle ne se le rappelle pas, voilà tout. — Vous devez l'en croire sur parole, car dans quel intérêt nierait-elle un incident si facilement explicable?

» Le ministère public nous dit que ce passant était un complice... — Il nous le dit pour étayer de son mieux une accusation chancelante, mais je le mets au défi de nous le prouver, car cette affirmation ne se tient pas debout, le plus simple bon sens en fait justice; elle s'effondre, et l'accusation s'effondre avec elle.

» Vous venez d'entendre, messieurs les jurés, ce que m'inspirait ma conscience. C'est à vous, maintenant, d'interroger la vôtre et de décider de notre sort; mais laissez-moi vous répéter ce que, au début de cette plaidoirie, je vous disais : — Nous refusons les circonstances atténuantes. Claire Gervais n'est point une coupable digne de quelque intérêt : elle est innocente, elle a droit à l'acquittement que je réclame pour elle, et que votre équité ne lui refusera pas !

Un murmure flatteur, parti du banc des avocats et des stagiaires, accueillit les dernières paroles du jeune homme. »

Adrien, comme suffoqué, pleurait à chaudes larmes en cachant sa figure dans son mouchoir.

Après la plaidoirie, le président résuma brièvement les débats, puis le jury se rendit dans la salle des délibérations, et on fit sortir Claire Gervais qui ne devait être ramenée qu'après le prononcé du jugement.

La délibération de MM. les jurés se prolongea pendant près d'une heure.

— Sapristi ! c'est bien mauvais signe ! — disait, en hochant la tête, une des habituées de la cour d'assises dont nous avons signalé déjà la présence auprès du jeune peintre.

— La petite en aura pour ses cinq ans de réclusion... — répondait l'autre.

Adrien pensait :

— S'ils ont l'infamie de la condamner, je leur crierai qu'ils sont fous, qu'ils sont aveugles, et que tout est à recommencer, puisque le jeune homme du trottoir, l'inconnu, le prétendu complice, c'est moi !!

Enfin, un bruit de sonnette annonça la fin de la délibération.

La Cour reprit ses places.

Le jury rentra dans la salle.

Il se fit aussitôt un silence de mort.

Le chef du jury, digne bourgeois, notable commerçant, qui faisait de consciencieux efforts pour se donner un air solennel, appuya la main droite sur son cœur et dit d'une voix émue, qu'il aurait voulu pouvoir rendre pareille à la voix de Maubant :

— Sur ma conscience et devant Dieu, la réponse du jury, à l'unanimité, est : — NON, L'ACCUSÉE N'EST PAS COUPABLE !

Il se produisit dans l'auditoire un grand mouvement, sympathique en somme, malgré quelques marques de surprise.

Adrien tremblait de tous ses membres et croyait sentir le parquet de la salle vaciller sous ses pieds.

Claire fut ramenée à la barre.

Le président lui annonça qu'elle était acquittée et qu'elle allait être mise en liberté immédiate, si elle n'était retenue pour une autre cause.

La jeune fille poussa un long soupir d'allègement et, suffoquée par la joie, car elle n'osait ni prévoir ni même espérer un acquittement, elle chancela et perdit à peu près connaissance entre les bras des gardes de Paris, qui l'emmenèrent en la soutenant.

Au soupir de Claire un cri répondit, et Adrien Couvreur, succombant malgré sa force à de si violentes émotions, le cœur trop étroit pour contenir tant d'ivresse après tant d'épouvante, s'abattit en proie à une crise nerveuse effrayante.

On dut le soulever par les bras et par les épaules et le transporter dans une pharmacie voisine du Palais, où les premiers soins réclamés par son état lui furent donnés.

La crise de nerfs d'Adrien fut suivie d'un profond évanouissement, et cet évanouissement se prolongeant, rebelle à toute médication, il fallut songer à prendre des mesures pour le faire admettre d'urgence à l'Hôtel-Dieu.

Un médecin appelé en toute hâte écrivit quelques lignes et envoya chercher un brancard au poste de police du Palais, afin de transporter le malade.

Entre temps, il donna la formule d'une potion dont on glissa deux cuillerées, goutte à goutte, entre les dents serrées du jeune homme.

Cette potion produisit un heureux effet, et lorsque le brancard arriva, porté par deux hommes sous la conduite d'un brigadier de gardiens de la paix, Adrien revenait à lui.

— Ce jeune homme reprend connaissance... — dit le médecin au brigadier. — Je crois que l'hôpital devient inutile. — On pourra tout à l'heure le mettre dans une voiture et le conduire à son domicile...

Couvreur recouvrait rapidement ses forces, et avec les forces la mémoire lui revenait.

Il jeta un regard autour de lui et se leva d'un mouvement brusque.

— Décidément, cela va mieux, — fit le médecin en souriant.

— Oh! oui, monsieur... — répondit Adrien — cela va même tout à fait bien... Seulement je me sens un peu brisé...

— Cela doit être... C'est la suite naturelle de votre évanouissement...

— Est-ce qu'il a duré longtemps, mon évanouissement, monsieur, s'il vous plaît?

— Plus d'une heure...

Le jeune homme tressaillit.

— Plus d'une heure!... — s'écria-t-il avec une sorte d'égarement — mais alors je ne la verrai donc pas !... Elle sera partie !... Oh! mon Dieu! oh! mon Dieu!...

Le médecin voyant le visage d'Adrien se décomposer, crut à un transport au cerveau.

— Calmez-vous — dit-il — l'agitation, en ce moment, ne vaut rien pour vous...

— Eh! je suis calme, monsieur... parfaitement calme... Seulement, vous ne savez pas.... Vous ne pouvez pas savoir... Je vous remercie de vos bons

soins, et croyez que j'en suis très reconnaissant...
— Monsieur — ajouta-t-il en posant une pièce de dix francs sur le bureau du pharmacien, — voici pour les médicaments que vous m'avez fait prendre...

Et il s'élança au dehors, ce qui causa un ahurissement profond à tous les spectateurs de cette scène.

— C'est un toqué !... — fit le brigadier.
— Je ne lui crois pas la tête bien saine... — appuya le médecin.

En sortant de la pharmacie, Adrien s'était orienté et il avait pris sa course vers le quai.

Il l'atteignit, tourna rapidement à gauche, ne s'arrêta que devant la porte massive de la Conciergerie, et frappa d'une main fiévreuse à cette porte.

Un gardien vint ouvrir et demanda :
— Que voulez-vous ?...
— Claire... Claire Gervais... — dit Adrien d'une voix haletante — la jeune fille que l'on jugeait tout à l'heure à la cour d'assises et qui vient d'être acquittée...
— Eh bien ?
— Eh bien, elle est encore ici, n'est-ce pas ?...

VIII

— Claire Gervais ? — Partie depuis une demi-heure !... répondit le gardien.
— Partie ! — fit Adrien, chancelant. — Pour où ?...
— Pour Saint-Lazare.
— C'est impossible, puisqu'elle est acquittée...
— Oui, mais la levée d'écrou doit se faire à la prison où on était détenu...

Adrien s'élança dehors et prit une voiture.
— A la prison de Saint-Lazare — dit-il au cocher. — Brûlez le pavé !... Dix francs de pourboire...

Le fiacre roula.

Arrivé à destination le jeune homme s'adressa au gardien chef, qui répliqua :

— La levée d'écrou est faite... — Claire Gervais est partie depuis une demi-heure.

Adrien fit un geste de désespoir.

— Partie !...— balbutia-t-il d'une voix étranglée — mais son adresse... vous savez son adresse... vous allez me la donner...

— On ne donne point d'adresse ici, le règlement s'y oppose.

— Monsieur, monsieur, je vous en supplie...

— On ne connaît que le règlement...

Et, poussant Adrien dehors, le gardien-chef referma la porte de la geôle.

Immobile et la tête basse sur le trottoir de la rue du Faubourg-Saint-Denis, le jeune homme eut quelques minutes d'un effroyable découragement, d'un profond dégoût de la vie, un de ces découragements, un de ces dégoûts qui conduisent un malheureux au bord de la Seine, sur un pont, et lui font enjamber le parapet.

Mais ce n'était pas le moment de se laisser abattre, de jeter, comme on dit, le manche après la cognée, et il rentra vite en possession de lui-même.

— Deux personnes connaissent certainement, et sont à même de m'apprendre l'adresse de Claire — pensa-t-il — madame Thouret et l'avocat par qui la pauvre enfant a été défendue... — Je vais aller d'abord chez la modiste... Je n'ai plus rien à craindre à cette heure... Claire est justifiée... elle est libre et elle m'aime... Elle l'a bien prouvé, la chère et brave enfant, en refusant de me nommer dans la crainte de me compromettre!... Son silence pouvait entraîner sa condamnation, et cependant elle n'a pas hésité !

Adrien, remontant en voiture, se fit mener au magasin de modes de la rue Caumartin.

Madame Thouret, entourée de ses ouvrières, leur racontait avec de grands gestes et une indignation débordante l'acquittement scandaleux de *la voleuse!*

On devine quelle réception attendait Adrien, tombant juste au milieu de ce récit.

La modiste le mit à la porte, en le menaçant de le faire arrêter par les sergents de ville s'il osait revenir.

Désolé et furieux le jeune homme regagna son fiacre.

— Au palais de Justice... — dit-il au cocher.

L'heure avancée déjà rendait le Palais silencieux et vide ; — Adrien dut attendre au lendemain pour savoir où demeurait le défenseur de Claire.

Il entra chez le pharmacien où il avait reçu des

soins, demanda si l'on n'avait pas apporté, en même temps qu'on l'apportait lui-même, un carton contenant des dessins et des croquis, reçut une réponse affirmative, fut mis en possession de ce carton, puis, tremblant de fièvre, rentra rue Malher où nous savons qu'il conservait un pied-à-terre jusqu'à la fin de sa location.

Là il se mit au lit, ne se doutant guère que quelques pas plus loin Claire, la pauvre Claire, pleurait de honte malgré son acquittement, et se demandait comment elle trouverait moyen, le jour suivant, de gagner sa vie...

Le lendemain matin, Couvreur retourna au Palais où on lui donna l'adresse de l'avocat nommé d'office.

Il courut à cette adresse ; mais, hélas ! il jouait de malheur !

La veille au soir le jeune homme était parti pour Bordeaux, où une dépêche l'appelait auprès de sa mère malade.

L'attente s'imposait, une attente d'une longueur illimitée.

L'âme en deuil et le cœur brisé, Adrien se rendit à son atelier.

⁎

Lorsque Claire s'était trouvée hors de Saint-Lazare, la veille, ayant dans sa poche la clef du logement de la rue Saint-Paul, et à la main un petit paquet contenant un peu de linge, au lieu de laisser un cri de joie s'échapper de ses lèvres et de respirer à pleins poumons l'air de la liberté, elle poussa un long soupir de découragement, et d'un pas lent, incertain, descendit le boulevard Magenta, baissant la tête, essayant de cacher son visage, car il lui semblait que tous les yeux étaient fixés sur elle.

— Je suis libre... — se disait-elle tout bas — mais je sors de prison...— J'ai été acquittée, mais, malgré le verdict des juges, combien de gens se demanderont si, accusée de vol, je n'avais pas volé?... — Ils me repousseront dédaigneusement, ils me tiendront à distance avec mépris... — Et je suis sans ressources !... — L'état d'angoisse où je me trouvais ne m'a point permis de manger ce matin, j'ai faim, maintenant, et je ne possède pas de quoi acheter un morceau de pain...

« On m'a calomniée, on m'a jetée en prison, on m'a perdue de réputation, on a fermé devant moi tous les chemins et, à présent qu'on a reconnu mon innocence, on croit avoir assez fait pour moi en me mettant dehors ! — On me dit : — *Vous êtes libre... Peu nous importe si la liberté que nous vous rendons est celle de mourir de faim !... Nous vous avons déclarée non coupable... Allez-vous-en, le reste ne nous regarde pas.....* — C'est horrible, cela ! C'est infâme !... La prison était moins cruelle que cette liberté qu'accompagnent la misère et la honte... — Je vais être en butte aux questions, à la curiosité de tous... — En rentrant dans la maison où j'ai un abri, je vais trouver chacun sur sa porte, me regardant, et sur les lèvres muettes je lirai ces mots : — *Nous savons d'où tu sors, toi !!...*

» Eh bien ! j'attendrai la nuit pour retourner chez moi... j'y rentrerai sans bruit, en me cachant comme une coupable... Demain je chercherai du travail et, si je n'en trouve pas, si Dieu me défend de vivre, il me permettra de mourir...

A partir de ce moment elle erra sans but à travers les rues et les boulevards, s'asseyant sur un banc quand ses jambes épuisées refusaient de la soutenir.

Elle vit le gaz s'allumer, elle entendit les horloges sonner les heures; mais elle n'avait point conscience de la marche du temps.

Enfin, un peu avant minuit, elle se dirigea vers la rue des Lions-Saint-Paul.

La porte de la maison qu'elle habitait était ouverte.

Elle entra en étouffant le bruit de ses pas et gagna l'escalier.

En passant devant la loge pleine de monde elle entendit causer et son nom frappa ses oreilles. — On commentait la séance de la cour d'assises ; — on s'étonnait peut-être de l'acquittement prononcé.

Les marches de l'escalier gravies, elle s'enferma dans son logement, se laissa tomber sur un siège et fondit en larmes.

Après une nuit d'insomnie presque complète elle se leva, s'habilla, et se mit à chercher le moyen de se procurer immédiatement quelques sous ; — elle était à jeun depuis la veille — il fallait donc manger ou tomber.

Le mont-de-piété constituait sa seule ressource, mais sur quels gages lui prêterait-il ?

Ses vêtements ?

Ils étaient usés.

Son linge ?

Il lui en restait si peu ! — à peine le strict nécessaire !

Au fond d'un tiroir de sa commode elle prit deux chemises, les enveloppa dans un mouchoir et sortit de la maison sans avoir été vue.

4.

Le mont-de-piété n'étant point encore ouvert à cette heure matinale elle dut attendre et, en attendant, elle se dirigea vers un magasin où autrefois elle avait eu du travail.

La veille, le patron de ce magasin était venu témoigner en sa faveur et reconnaître hautement sa probité.

Une demoiselle de boutique, après lui avoir demandé ce qu'elle voulait, alla prévenir le patron de sa visite et revint au bout d'un instant lui répondre qu'on refusait de la recevoir.

La route du Calvaire commençait pour la malheureuse enfant.

Malgré cette désillusion elle alla frapper à une autre porte et la trouva fermée comme la première.

Ses prévisions se réalisaient.

Ceux même qui l'avaient défendue ne voulaient point la voir !

Elle se rendit au mont-de-piété.

Là, on offrit de lui prêter sur ses deux chemises un franc cinquante.

Elle mourait de faim. — Elle accepta.

IX

En sortant du mont-de-piété, la pauvre Claire entra dans une crémerie où elle dépensa huit sous — somme énorme pour elle — et c'est à peine si son estomac creux se trouva satisfait.

Ensuite elle se mit à chercher du travail, frappant à toutes les portes, prête à accepter les prix les plus minimes, les conditions les plus misérables.

Elle ne cessa ses courses qu'à huit heures du soir, épuisée de fatigue et n'ayant rien trouvé.

Pour son dîner elle acheta un morceau de pain et le dévora sur un banc.

Ensuite elle reprit d'un pas chancelant le chemin de sa demeure.

La portière, étonnée de ne point l'avoir vue la veille après son acquittement, mais se doutant bien qu'elle s'était glissée en cachette dans la maison pour éviter les regards, la guettait, et l'arrêta au moment où elle allait gravir la première marche de l'escalier.

— Eh bien ! quoi donc! ma petite — lui dit-elle — vous rentrez en catimini sans seulement souhaiter le bonjour ou le bonsoir... — C'est pas gentil, ça, vous savez!... — J'ai pourtant joliment témoigné pour vous, hier, et tout au moins vous me deviez un grand merci!

— Oh! madame — balbutia Claire en sanglotant — je suis bien malheureuse, allez!... il faut me pardonner... — Est-ce ma faute si je n'ose seulement pas regarder les personnes qui m'ont connues ?...

— Voyons... voyons... C'est des bêtises, ça ! — Puisque vous êtes acquittée, c'est comme si vous n'aviez jamais été accusée...

— Vous croyez cela, vous? — Moi, je suis bien certaine du contraire à cette heure.

— Oui... je sais bien... à cause du vieux proverbe : *Il n'y a pas de feu sans fumée*... — On se figure toujours de vilaines choses; on a tort, mais c'est comme ça... — A propos, le *propiétaire* m'a chargée d'une communication pour vous.

— Pour moi? — répéta Claire en tressaillant.

— Oui... — Vous devez trois termes, et voilà le quatrième qui court... Il m'a dit de vous dire, le *proprio*, qu'il ne pouvait pas placer plus longtemps ses logements à fonds perdus...

— Il me renvoie... — murmura la jeune fille avec épouvante.

— Plusieurs locataires de l'immeuble ont potiné des réflexions que je n'ai pas besoin de vous répéter...

— Ah! je ne les devine que trop...

— Possible. — Bref, le *proprio*, qu'est pas du tout un méchant homme, vous fait cadeau de ce que vous lui devez et vous laisse emporter vos meubles... mais il faut que, dans quinze jours, vous soyez partie...

Claire courba la tête, comme assommée par ce dernier coup; puis, au bout d'un instant, elle bégaya d'une voix presque indistincte:

— Je suis reconnaissante... bien reconnaissante... le propriétaire a pitié... il pouvait me chasser en gardant tout... — Dans quinze jours je ne serai plus ici...

Et la pauvre enfant remonta chez elle.

— Ainsi, tout m'accable! — se dit-elle avec désespoir. — Pas de pain, pas de travail, et bientôt pas de logement... la misère et la honte... — Et j'ai une mère ! et je pourrais avoir une fortune, si ce que m'a raconté Marie-Jeanne est vrai... et je ne puis savoir où est Marie-Jeanne, pour lui demander le nom de ma mère...

» J'ai seize ans, je n'ai rien fait de mal, et je vais mourir de faim, maudite et méprisée par tous, par Adrien lui-même, qui doit savoir que j'ai été en prison... — Il sera certainement allé chez madame Thouret demander mon adresse, et on lui aura répondu : — *Claire Gervais est une voleuse !* — *Son adresse est au Dépôt !* — Pourquoi ne l'aurait-il pas cru, puisque tout m'accusait ?... — Alors il aura chassé de son cœur mon image, en rougissant de m'avoir aimée...

Claire se jeta sur sa couche en sanglotant.

Le lendemain, après une nuit d'angoisses, elle voulut aller encore chercher du travail.

Même résultat négatif et mêmes humiliations que la veille.

Elle dépensa pour se nourrir les derniers sous qui lui restaient, rentra épuisée, le cerveau vide, grelottant la fièvre, se mit au lit et y resta jusqu'à la soirée du lendemain, espérant tromper ainsi la faim qui lui mordait les entrailles.

A huit heures du soir, les souffrances étaient si

intolérables qu'elle se leva comme une folle, en se disant :

— Non, je n'ai pas le courage de mourir ainsi...
— Demain, je chercherai de nouveau du travail, et Dieu me prendra peut-être en pitié ; mais ce soir il faut que je mange... il le faut... je souffre trop...

Et elle se mit à fouiller ses tiroirs, cherchant objet qu'il lui fût possible d'engager ou de vendre pour quelques sous.

Hélas ! ces tiroirs étaient vides.

Une boîte de carton tomba, cependant, sous sa main.

Elle l'ouvrit.

Cette boîte contenait deux objets : le billet de loterie légué par Joachim Estival et la médaille que nous connaissons :

— Cette médaille !... — murmura Claire. — Elle est en argent... — Si peu qu'elle vaille, elle vaut quelque chose...

Après une seconde d'hésitation, elle reprit vivement :

— Non... non !... c'est grâce à cette médaille percée de trois trous que ma mère pourrait retrouver son enfant ! Que je vive ou que je meure, elle ne me quittera pas ! Qui sait si, morte, elle ne me servira point à retrouver ma mère qui pourra du moins alors me dire un dernier adieu, embrasser mon front glacé et me conduire au cimetière !...

« Chère petite médaille, reste avec moi... — poursuivit la jeune fille en la portant à ses lèvres.

Puis elle passa autour de son cou le cordon qui la supportait.

— Rien ! — fit-elle alors — je n'ai rien à vendre... — mais si... ce billet de loterie... il représente un franc... Avec un franc, je pourrai acheter du pain pour deux jours...

Elle s'habilla, s'enveloppa la tête dans un vieux châle de laine noire tricotée, et sortit de son logement, puis de la maison.

Depuis le matin, il pleuvait. — L'eau éclaboussait les trottoirs et transformait les chaussées en de véritables lacs de boue.

Claire descendit la rue des Lions-Saint-Paul jusqu'à la rue Saint-Antoine, dans laquelle elle s'engagea, en se demandant à qui elle pourrait vendre son billet.

La boutique d'un boulanger attira ses regards. — La vue des pains à croûte blonde rendit sa faim plus cruelle.

Elle franchit le seuil.

Un gros homme, assis dans le comptoir, lisait un

journal ultra-rouge, organe des revendications socialistes.

— Qu'est-ce que vous voulez? — demanda-t-il.

Claire lui tendit le billet.

— Qu'est-ce que c'est que ça?

— Un billet de loterie, monsieur...

— Qu'est-ce que vous voulez que j'en fasse?

— Il vaut vingt sous... — Par pitié, monsieur, donnez-moi du pain pour ce billet...

— Tonnerre! — fit le lecteur assidu des organes des revendications socialistes. — En voilà un joli truc de mendicité à domicile!!

Il se leva, prit Claire par le bras, très rudement, et ajouta :

— Hors d'ici, la mendiante, et un peu vite!... Sinon j'appelle un *sergot* et je te fais empoigner!

— A-t-on jamais vu!...

Il poussa dehors la malheureuse enfant qui faillit tomber.

Les passants la regardèrent.

Honteuse, elle s'enfuit, traversa la place de la Bastille et remonta le faubourg Saint-Antoine, ne sachant ni où elle allait, ni ce qu'elle allait faire.

On venait de lui refuser un morceau de pain en échange de ce billet.

A qui s'adresser maintenant?

5

La pluie tombait toujours, ruisselant sur ses vêtements, la mouillant jusqu'à la chair.

Elle allait droit devant elle, s'arrêtant, repartant, et par instants s'appuyant contre les murailles pour y chercher un point d'appui que sa faiblesse rendait nécessaire.

Les rues devenaient désertes.

Claire serrait son billet contre sa poitrine, ne voulant pas le perdre mais n'osant plus compter sur lui pour manger.

Tout à coup elle fut au moment de se heurter contre un jeune homme qui, tenant un parapluie à la main, avait les bords de son chapeau mou rabattus sur son front et le collet de son paletot relevé jusqu'aux yeux.

La pauvre enfant s'arrêta pour éviter un choc.

Le jeune homme, qui marchait en sens inverse, en fit autant de son côté.

— J'ai faim... je meurs de faim... — balbutia Claire d'une voix éteinte, à peine distincte — achetez-moi ce billet de loterie, pour l'amour de Dieu !...

X

Le jeune homme tira de sa poche une pièce de monnaie et la tendit à Claire qui la prit et, en échange, mit son billet dans la main tendue vers elle.

— Non... — dit le passant charitable — gardez-le... je n'en veux pas...

En entendant la voix qui venait de parler l'enfant poussa un cri sourd, tourna sur elle-même et s'enfuit.

Mais à peine avait-elle franchi en courant un espace de quelques mètres, qu'elle alla s'abattre à la porte de l'hospice Saint-Antoine, au moment où deux médecins de service s'apprêtaient à y entrer.

L'exclamation étouffée de Claire avait fait tressaillir violemment le jeune homme au parapluie, qui n'était autre qu'Adrien Couvreur.

Il glissa dans sa poche le billet de loterie qu'il tenait à la main, s'élança sur les traces de la fugitive, et arriva près d'elle à la minute précise où les deux médecins la relevaient, en constatant son état alarmant.

La lumière du bec de gaz voisin de l'hospice tombait en plein sur le visage livide de l'enfant évanouie.

A peine Adrien avait-il jeté les yeux sur ce visage, qu'il s'écria, avec un accent désespéré :

— C'est Claire!... oh! mon Dieu! c'est Claire!...

— Vous connaissez cette jeune fille, monsieur ? — demanda l'un des médecins.

— Oui... oui... je la connais.

— Elle est mourante.

— Mourante!! — Mais on peut la sauver, n'est-ce pas ? — Oh! soignez-la, monsieur!... Sauvez-la!... qu'elle vive! qu'elle vive!...

Les médecins, aidés par le concierge qui venait d'accourir, portèrent à l'intérieur de l'hospice le corps inanimé.

Adrien voulait les suivre.

— Vous ne pouvez entrer ici ce soir, monsieur — lui dit le docteur qui déjà lui avait parlé — les règlements s'y opposent, mais nous vous prions de vouloir bien revenir demain, à neuf heures, pour nous donner des renseignements...

— Certes, oui, monsieur, je reviendrai, mais sauvez-la!! sauvez-la!!

— Nous ferons pour cela, monsieur, tout ce qui dépendra de nous...

La porte de l'hospice se referma et Adrien se trouva seul sur le trottoir désert.

On devine quel ouragan de pensées confuses tourbillonnait dans son cerveau, tandis qu'il regagnait son logement de la rue Malher.

D'abord il bénit le hasard grâce auquel il avait choisi ce soir-là pour aller voir à la barrière du Trône un camarade malade, ce qui venait de lui faire retrouver Claire; puis il maudit le mauvais sort s'acharnant sans relâche après la malheureuse enfant, la réduisant à vendre un billet de loterie pour manger, et finissant par tomber mourante sur les marches d'un hôpital.

— Mais elle ne mourra pas!... — murmura-t-il ensuite. — Dieu ne me l'aurait point rendue pour me la reprendre aussitôt!! Les médecins la sauveront... — Tous ses maux sont finis, puisque je suis là! — Elle vivra pour être heureuse!

Rentré chez lui, il prit le billet de loterie, le couvrit de baisers et le serra soigneusement dans son portefeuille.

Nous ne parlerons point de la nuit blanche qu'il passa.

La douleur, la joie, l'espérance, le découragement, se succédèrent dans son esprit et, l'un après l'autre, empêchèrent le sommeil de venir lui fermer les yeux.

Le lendemain, à neuf heures moins quelques minutes, il arrivait à l'hospice Saint-Antoine.

Le concierge le reconnut et le conduisit au bureau où il devait donner des renseignements.

— Monsieur — dit-il à l'employé — je viens au sujet de la pauvre jeune fille admise d'urgence ici, hier au soir...

— Bien, monsieur...

— Pouvez-vous m'apprendre comment va cette jeune fille ?

— Assez mal, paraît-il. — En tombant sur les marches de l'hôpital, elle s'est luxé un bras, mais ceci ne serait rien... On craint une fièvre cérébrale.

— Une fièvre cérébrale ! — répéta Adrien avec épouvante. — On peut en guérir, n'est-ce pas ?

— Sans doute... — Aussi tout espoir n'est point perdu !... Malheureusement, l'état général est grave.

— Pauvre Claire!... — murmura le décorateur en essuyant une larme.

L'employé ouvrit un registre, trempa sa plume dans l'encre, et reprit :

— Voulez-vous me dire, monsieur, le nom de la jeune fille en question ?

— Claire Gervais.

— Son âge ?

— Un peu plus de seize ans.

— Sa famille ?

— Elle est orpheline.

— Sa demeure ?

— Je ne la connais pas.

— Son état ?

— Modiste ?

— C'est tout, monsieur, et je vous remercie de nous avoir apporté ces renseignements que la malade, en ce moment, n'aurait pu nous donner elle-même.

— Puis-je la voir ?

— C'est absolument impossible.

— Pourquoi ?

— Pour deux raisons... — La première, c'est que ce n'est point aujourd'hui jour de visite... — La seconde, et la plus importante, c'est que le médecin, prévoyant votre requête, a formellement défendu d'y faire droit, dans la crainte de redoubler l'agitation de la malade.

— Quand pourrai-je revenir ?
— Dimanche prochain, à midi.
— Deux jours à passer !... — Ce sera bien long !... — Enfin, puisqu'il le faut...

Et Adrien se retira.

Le dimanche, à midi précis, il revint et demanda à voir Claire Gervais.

La fièvre cérébrale prévue par les médecins s'était déclarée, et la malade avait le délire.

Néanmoins la religieuse, à qui la direction de la salle Sainte-Anne était confiée, conduisit le visiteur auprès du lit portant le n° 17, et elle en écarta les rideaux.

Adrien put voir les traces imprimées par la souffrance sur le visage de la douce enfant.

Il éclata en sanglots.

Claire murmura quelques paroles inarticulées.

Le jeune homme se pencha vers elle pour chercher à comprendre ces paroles.

Tout à coup il tressaillit, secoué de la nuque aux talons par un émotion violente.

La malade venait de balbutier son nom.

Adrien posa doucement ses lèvres sur son front brûlant.

Elle poussa un faible soupir et ses longs cils, s'abaissant, voilèrent ses yeux.

Ce fut tout.

La Sœur laissa retomber le rideau, et Couvreur, le cœur serré dans un étau, n'osant plus espérer qu'à peine, quitta l'hôpital.

...

Rejoignons Placide Joubert, que nous avons perdu de vue pendant quelque temps.

Le lendemain de la visite d'Adrien Couvreur à l'hôpital Saint-Antoine, Marchal et Baudoin, ses deux complices dans la grande affaire des loteries, se présentèrent chez lui.

— Vous avez reçu mon petit mot, cher maître ? — lui dit Marchal.

— Parfaitement, et vos fonds sont là.

— Ne croyez pas, au moins, qu'il y ait défiance si nous vous demandons des comptes... — fit Baudoin à son tour. — Voici une lettre de notre architecte de Bruxelles qui nous annonce qu'il commence à bâtir sur les terrains achetés par nous, et qu'il lui faut de l'argent... beaucoup d'argent... — Tenez, lisez...

— A quoi bon ? — répliqua Placide. — Ce sont là vos affaires, et non les miennes... — Je suis dépositaire de capitaux à vous... je vous les rends... — Rien n'est plus simple... — Avez-vous établi votre compte ?

— Oui, — il se monte, selon nous, à un million deux cent cinquante-deux mille francs.

— Nous sommes d'accord... — dit Joubert en ouvrant sa caisse. — C'est une grosse somme, mes enfants, et vous l'arrondirez encore avant les tirages définitifs des deux loteries.

— Nous y comptons bien, mais il est inutile d'ouvrir un nouveau compte pour l'avenir. — Nous garderons chacun notre part de chaque jour...

— Comme vous voudrez, mes enfants, ce qui vous va me convient... — Voici votre million deux cent cinquante-deux mille francs en beaux billets de banque... — Vérifiez !

XI

— On a confiance... — dirent en même temps les deux hommes en se partageant les liasses.

— Ce qui ne va pas m'empêcher — répliqua Joubert — de demander un reçu pour solde à Marchal, seul en nom sur cet agenda que je brûlerai quand vous serez sortis d'ici...

Marchal signa le reçu et ajouta, en présentant un bordereau à Placide :

— Maintenant, voici le dernier compte à jour...
— Je vous dois seize mille francs...

— Si peu ?...

— La vente est languissante en ce moment... — La loterie des Arts industriels se tirera dans un mois... — Il restera des billets... beaucoup de billets...

— Dans ce cas, faites bien attention aux séries que vous expédiez... — dit Joubert. — Evitez, par-dessus tout, que les numéros envoyés par vous correspondent à ceux qui resteront à l'administration, non placés.

— Soyez sans inquiétude... — Nous avons de la prudence. — Encaissez vos seize mille francs...

Les trois complices se séparèrent.

Le temps marchait sans amener le moindre résultat au sujet de la fille de mademoiselle de Rhodé, malgré les recherches multipliées et consciencieuses des agents de Placide.

L'aveugle se désespérait.

L'homme d'affaires se décourageait.

Adrien Couvreur, lui, au contraire, renaissait à l'espérance et à la joie.

Claire était sortie de la période redoutable du mal.

La fièvre cérébrale avait cédé peu à peu ; mais, quoique la jeune fille fût sauvée, elle n'était pas encore en état de reconnaître Adrien qui, chaque jeudi et chaque dimanche, allait la voir à l'hospice.

Lors de sa dernière visite, la religieuse chargée de la surveillance de la salle Sainte-Anne lui avait dit :

— Je crois bien que, jeudi prochain, notre malade pourra vous entendre et vous répondre.

Le jeudi si ardemment souhaité et si impatiemment attendu par Adrien, arriva.

Ce jour-là, il devança l'heure et dut se promener de long en large pendant plus de vingt minutes, avant qu'il lui fût permis de franchir le seuil de la salle.

La porte s'ouvrit enfin. — Il courut à la religieuse et lui dit :

— Oh! ma sœur, ma chère sœur, l'espérance que vous m'avez permis de concevoir, va-t-elle enfin se réaliser?

— Oui, mon enfant — répondit la servante de Dieu — Claire Gervais a repris possession d'elle-même... — Elle vous entendra, elle vous comprendra ; seulement je vous recommande de rester auprès d'elle le moins longtemps possible... — Il importe de ne point la fatiguer...

— Je vous obéirai religieusement, ma sœur... mais j'ai une crainte...

— Laquelle ?

— C'est que, en me reconnaissant, Claire n'éprouve une émotion dangereuse.

— Venez... — je vais la préparer à vous voir...

Adrien suivit la religieuse, qui se dirigea vers le lit portant le numéro 17.

Les rideaux étaient fermés, afin qu'une lumière

trop vive ne frappât point les yeux de la convalescente.

La Sœur, faisant signe au jeune peintre de se tenir du côté du pied du lit, s'avança vers la tête et écarta doucement le rideau.

Claire sommeillait.

Le léger bruit de l'étoffe agitée suffit pour la tirer de son assoupissement. — Elle ouvrit les yeux et sourit à la sœur.

— Il me semble que je dormais... — fit-elle.

— Et je vous ai réveillée... Mais je ne le regrette pas, mon enfant... — Voici l'heure des visites...

— L'heure des visites... — répéta Claire.

— Deux fois chaque semaine... le dimanche et le jeudi.

— Oui... oui... je sais... — murmura la jeune fille d'une voix mélancolique. — Ceux qui ont des parents ou des amis les attendent, joyeux de penser qu'ils vont venir... — Je n'aurai point de visites, moi, ma sœur... — Je n'ai pas de famille et je n'ai pas d'amis...

Adrien tremblait comme un fiévreux de la campagne de Rome.

En entendant cette voix douce et triste, une émotion profonde s'était emparée de lui.

— Qui vous dit, mon enfant, que vous n'avez

point d'amis ?... — répliqua la religieuse en prenant dans ses mains la main de la convalescente.

Claire secoua la tête.

Elle pensait :

— Personne ne peut s'intéresser à moi que ma mère... et ma mère ignore si je suis vivante ou morte...

La religieuse reprit :

— Je vous assure, mon enfant, que vous vous trompez, que vous êtes injuste, et que tout le monde ne vous oublie pas comme vous semblez le croire.

Une lueur traversa soudain l'esprit de Claire, tandis qu'une faible rougeur montait à ses joues pâles.

— Y a-t-il longtemps que je suis ici, ma sœur ? — demanda-t-elle.

— C'est aujourd'hui le dix-huitième jour.

— On m'a relevée sans connaissance dans la rue, n'est-ce pas ?

— A la porte même de l'hospice... — Vous étiez bien malade, ma pauvre Claire !...

A son nom prononcé par la religieuse, tous les souvenirs du passé revinrent à la convalescente.

— Comment avez-vous su que je m'appelais Claire ? — demanda-t-elle vivement.

— Un jeune homme à qui vous étiez connue, et

qui passait en ce moment dans la rue, s'est élancé pour vous secourir... Déjà deux de nos médecins étaient auprès de vous... Ce jeune homme nous a donné votre nom...

Une immense joie envahit le cœur de Claire.

— Alors IL sait que je suis à l'hospice ? — balbutia-t-elle.

— Oui, mon enfant, il le sait...

— Et il est venu demander de mes nouvelles ?

— Chaque dimanche et chaque jeudi, régulièrement...

— Il m'a vue ?

— Sans doute.

— Et il a dit qu'il reviendrait ?

— Assurément, il reviendra... — Est-ce qu'il vous serait désagréable de le voir ?

— Oh ! non !... non, ma sœur !... Je serais heureuse, au contraire, de le remercier de la pitié qu'il m'a témoignée...

— Eh bien ! mon enfant, vous le pourrez...

— Quand ?

— Aujourd'hui même, puisque c'est jour de visite...

— Il va donc venir ?... — bégaya la jeune fille, dont le cœur battait à se rompre... — Vous en êtes sûre, ma sœur ?...

— J'en suis d'autant plus sûre qu'il est là... — répondit la religieuse en souriant.

— Là!... — répéta Claire — là?...

— Oui, derrière ce rideau... attendant de vous un appel...

— Adrien !... Adrien !... — cria la convalescente.

Pâle de saisissement, Couvreur écarta le rideau.

Il apparut à Claire.

La jeune fille porta les deux mains au côté gauche de sa poitrine, ferma les yeux, et sa tête retomba sur l'oreiller.

— Mon Dieu! mon Dieu! elle s'évanouit! — fit Adrien épouvanté. — Ah! ce que je craignais...

— Aucun danger — murmura la religieuse en soulevant la tête de Claire dont les yeux se rouvrirent presque aussitôt, et elle ajouta : — Vous voyez bien que ce n'est rien...

— C'est la joie, ma sœur... — dit l'enfant en tendant la main à Adrien.

— Causez avec elle... — reprit la servante de Dieu en s'adressant au jeune peintre — mais quelques minutes seulement... — je vais lui préparer une potion et je viendrai vous séparer...

Et la sainte fille s'éloigna avec la sérénité souriante d'une âme pure, qui a renoncé aux affections terrestres, mais qui sait les comprendre et les entourer d'une bienveillance maternelle.

Adrien s'était assis au chevet de Claire.

Tous deux restèrent muets d'abord, se regardant avidement, tandis que de grosses larmes tombaient une à une de leurs yeux et roulaient sur leurs joues.

— Vous... vous ici, près de moi !... — balbutia l'enfant qui, la première, rompit le silence... — Vous ne me méprisez donc pas ?

— Vous mépriser, moi ?... — Quel blasphème !... — répliqua violemment Adrien.

— C'est qu'alors vous ne savez pas...

— Je sais tout...

XII

— Tout ! — répéta Claire en frissonnant et en cachant son visage dans ses mains.

— Oui — reprit Adrien — tout, absolument tout ! — l'abominable accusation portée contre vous... votre procès... votre acquittement... et cela m'a révélé la grandeur de votre âme héroïque !... Oui, chère bien-aimée, j'ai compris l'obstination de votre silence quand on osait vous dire que vous aviez un complice... Ce silence, vous le gardiez dans la crainte de me compromettre... et cependant il aurait suffi d'un mot pour vous justifier.

— Ainsi, vous ne me croyez pas coupable ?

— Je n'ai jamais douté de votre innocence...

— Bien vrai ?

— Je vous le jure...

— Et vous m'aimez toujours ?

— Je vous aime cent fois plus encore...

En parlant ainsi, Adrien portait les mains de la jeune fille à ses lèvres, et il les couvrait de baisers et de larmes.

Claire sentait une joie immense, surhumaine, envahir son cœur et réchauffer son sang dans ses veines.

— Moi aussi, je vous aime, Adrien... — balbutia-t-elle — et la pensée de votre amour tué par le mépris était la plus cruelle de mes douleurs... — Oh ! j'ai bien souffert, allez !... — j'ai souffert tout ce qu'on peut souffrir...

— Même la faim, n'est-ce pas ?

— Oui, même la faim... — répondit l'enfant en baissant les yeux.

— Pauvre chère mignonne !... que seriez vous devenue si la Providence ne m'avait placé sur votre chemin ce terrible soir ?... Qu'il soit béni, ce billet de loterie qui vous a fait vous adresser à moi !... Ce billet, je le garde... C'est à lui que nous devons aujourd'hui le bonheur... — Je vous demande la permission de le conserver...

— Conservez-le, mon ami, il est à vous...

— Vous voulez dire à nous...

En ce moment la religieuse revint, apportant la potion de Claire.

— Il ne faut point prolonger votre visite, mon enfant — dit-elle à Couvreur — notre chère convalescente a besoin de se reposer...

Adrien se leva.

— Quand reviendrez-vous ? — lui demanda la jeune fille en souriant.

— Dimanche... vous le savez bien...

— C'était pour vous l'entendre dire.

Les deux fiancés échangèrent un long regard. Leurs mains s'unirent pendant quelques secondes, de même que pour toujours leurs âmes étaient unies ; puis Adrien salua profondément la bonne religieuse et partit.

*
* *

Au milieu de ses préoccupations de toutes sortes, Pauline de Rhodé n'avait jamais voulu donner suite à l'idée qui s'était logée et développée dans l'esprit de Thérèse, à la suite de quelques paroles prononcées par Joubert.

Thérèse n'en persistait pas moins à vouloir conduire sa maîtresse chez un spécialiste qui déclarerait, après examen, si l'aveugle pouvait recouvrer la vue à la suite d'une opération.

Après la terrible déception à laquelle nous avons assisté, la fidèle servante renouvela ses instances.

— Si mademoiselle avait des yeux comme tout le monde — dit-elle en employant l'argument le plus propre à faire impression sur Pauline de Rhodé — mademoiselle pourrait chercher son enfant elle-même, et elle aurait autrement d'énergie, d'activité, pour retrouver sa fille, que ceux dont le but unique est de gagner une somme d'argent...

— A quel oculiste m'adresser ? — répliqua l'aveugle. — Nous n'en connaissons aucun. Cela coûterait fort cher... et puis, sans doute, il est trop tard...

— Cela ne coûterait rien si mademoiselle voulait.

— Comment ?

— Pourquoi ne pas aller à la consultation gratuite qui a lieu deux fois par semaine, aux Quinze-Vingts? Je me suis informée... Ces consultations sont données par un des plus célèbres médecins oculistes de Paris... — Que risque mademoiselle ?... — On verra bien ce que dira ce grand savant.

— Eh bien ! soit ! je ferai comme vous voudrez... — répliqua Pauline, cédant, de guerre lasse.

— Mademoiselle consent ? — s'écria Thérèse joyeuse.

— Il le faut bien, puisque sans cela vous reviendrez toujours sur le même sujet... — Quand les consultations ont-elles lieu ?

— Le mercredi et le vendredi.

— C'est aujourd'hui jeudi... — Nous irons demain.

— A dix heures du matin, c'est cela... — Ah ! comme je suis heureuse que mademoiselle se décide !...

Le lendemain Thérèse habilla de bonne heure sa maîtresse, monta en fiacre avec elle et, à dix heures précises, elles arrivaient toutes deux à l'hospice des Quinze-Vingts, situé à l'entrée de la rue de Chareton.

Il y avait foule dans la vaste pièce précédant le cabinet de consultations.

Thérèse demanda un numéro d'ordre qu'on lui donna.

L'attente dura plus d'une heure.

Enfin le numéro de mademoiselle de Rhodé fut appelé, et Thérèse introduisit Pauline auprès de l'oculiste.

Celui-ci — un des princes de la science moderne — était un homme de cinquante ans, de haute taille, de physionomie intelligente et douce.

— Vous êtes complètement aveugle, madame ?
— demanda-t-il à la visiteuse.

— Complètement, oui, monsieur.

— Depuis combien de temps ?

— Depuis seize ans.

— Et vous avez attendu jusqu'à ce jour pour savoir si la guérison était possible par un moyen quelconque ! — Vous la rendiez ainsi bien difficile ! — Enfin, nous allons voir.

Le médecin conduisit mademoiselle de Rhodé auprès d'une fenêtre, lui renversa la tête en arrière en la soutenant de son bras gauche, et examina ses yeux éteints.

Thérèse attendait avec une anxiété facile à comprendre les résultats d'une visite provoquée par elle.

Après un examen qui dura plusieurs minutes, l'oculiste fit asseoir Pauline et lui demanda :

— Quel âge avez-vous, madame ?

— Trente-huit ans.

— Votre cécité est arrivée brusquement, n'est-ce pas ?

— Oui, monsieur.

— Mais après de longues et violentes douleurs névralgiques ?

— C'est vrai

— Vous aviez beaucoup pleuré ?

— Beaucoup, oh ! oui, monsieur, beaucoup...

— Vous êtes veuve ?

Après un instant d'hésitation mademoiselle de Rhodé, dont la pâleur habituelle s'empourpra, répondit d'une voix mal assurée :

— Oui, monsieur, je suis veuve...

— Avez-vous eu des enfants ?

— Un seul enfant... Une fille.

— Et vous l'avez perdue, peut-être ?... Elle est morte ?

— Je l'ai perdue, monsieur ; mais je ne crois pas qu'elle soit morte... Elle m'a été enlevée quelques jours après sa naissance — Voilà pourquoi j'ai tant pleuré, voilà pourquoi je pleure encore...

— Vous avez dû beaucoup souffrir en effet, madame, je vous plains de toute mon âme...

Un silence suivit ces derniers mots.

Ce fut Pauline qui le rompit par cette question :

— Il est impossible de me rendre la vue, n'est-ce pas ?

— Je n'ai point dit cela, madame... — répliqua l'oculiste.

Thérèse poussa une exclamation de joie.

L'aveugle tendit vers le médecin ses mains tremblantes.

— Songez-vous bien à l'espoir que vous me donnez, monsieur ? — s'écria-t-elle, toute secouée par l'émotion. — Vous me rendriez la lumière ? Je pourrais revoir ma fille, si Dieu me la rend ? — Oh ! prenez garde, prenez garde de vous tromper, monsieur ! — La déception serait trop cruelle... Elle me tuerait...

— Voulez-vous que je tente l'opération ?

— Oh ! Dieu ! si je le veux !

— Il vous faudra de la force... du courage... — En aurez-vous ?

— J'en aurai, je vous le jure !...

— Eh ! bien, l'opération sera faite...

— Quand ?

— Dans un mois.

— Si longtemps attendre !... — Pourquoi ?...

— Parce qu'il est nécessaire, indispensable même, de vous faire suivre un traitement préparatoire...

— Et, ce traitement...

— Je vais l'indiquer par écrit...

XIII

L'oculiste s'était assis devant un bureau.

Il écrivit longuement et remit son ordonnance à Thérèse, dont le visage était épanoui.

— Vous ferez préparer dans une pharmacie, — lui dit-il, — le collyre et la pommade dont voici les formules... — Vous ferez, en outre, suivre ponctuellement à votre maîtresse les indications de cette ordonnance, et vous la ramènerez ici dans huit jours.

— Merci, monsieur, merci de toute mon âme!... — s'écria l'aveugle.

— Patience et bon espoir, madame.

Thérèse et Pauline de Rhodé quittèrent le cabinet de consultation.

En arrivant aux *Quinze-Vingts* la fidèle servante avait, par économie, renvoyé le fiacre.

— Vous voyez, mademoiselle, comme j'étais dans le vrai ! — fit-elle. — Ce grand médecin vous guérira...

— Il le tentera du moins... — murmura l'aveugle.

— Je suis sûre, moi, qu'il réussira... — Maintenant, mademoiselle, nous allons entrer chez le pharmacien que voilà en face pour lui faire préparer les drogues. Ça lui prendra, sans le moindre doute, un peu de temps... — Comme il est déjà midi et que vous devez avoir faim, nous déjeunerons dans un bouillon Duval... — Justement j'en aperçois un tout près d'ici... — Nous monterons ensuite en voiture et nous retournerons chez nous...

Pauline ne pouvait qu'approuver un plan si bien conçu, qui fut à l'instant mis à exécution.

Le pharmacien demanda une demi-heure pour manipuler le collyre et la pommade... — Les deux femmes allèrent déjeuner.

En quittant le bouillon Duval après un repas très sommaire, Thérèse plaça le bras de sa maîtresse sur le sien et quitta le trottoir pour traverser avec elle la chaussée.

Au moment où elles atteignaient le milieu du pavé, une clameur s'éleva dans la rue.

— Arrêtez... arrêtez... — glapissait-on. — Garez-vous...

Thérèse tourna la tête du côté d'où venaient les cris et frissonna de tout son corps.

Un cheval sans conducteur, attelé à une voiture de maraîcher et emballé complètement, arrivait ventre à terre, semant l'épouvante sur son passage.

— Vite, mademoiselle... — bégaya Thérèse, — venez vite.

Elle voulut entraîner sa maîtresse.

L'aveugle fit un faux pas et glissa.

Le cheval emballé arrivait comme la foudre.

Une des roues de la charrette heurta la maîtresse et la servante, et la violence du choc les lança l'une à côté de l'autre à trois pas de là, sur le pavé où elles s'abattirent en poussant un cri auquel vingt exclamations répondirent.

Tous les témoins de cette scène effrayante se précipitèrent au secours des deux malheureuses.

Thérèse, s'oubliant elle-même, répétait :

— Ma maîtresse... ma chère maîtresse... c'est à elle qu'il faut venir en aide... La pauvre femme est aveugle!...

On releva mademoiselle de Rhodé, très étourdie, très meurtrie, mais sans blessure grave.

6.

— Où êtes-vous, Thérèse? où êtes-vous? — demandait-elle. — N'avez-vous pas de mal?...

— Je suis là, mademoiselle, — répondit la servante, qu'on cherchait à remettre sur ses jambes. — Je ne sais pas ce que j'ai... je ne peux pas me tenir debout...

En même temps elle poussa un cri de douleur et balbutia :

— J'ai une jambe cassée...

Et elle retomba.

Une femme du peuple compatissante avait pris Pauline de Rhodé par le bras et la soutenait.

Des gardiens de la paix arrivèrent en courant.

— Qu'y a-t-il? — demanda un brigadier.

— Je suis blessée... — répliqua Thérèse; puis elle ajouta, en entendant l'aveugle sangloter : — Ne vous tourmentez pas, je vous en supplie... ça ne sera rien...

Les gardiens de la paix portèrent la digne servante chez le pharmacien chargé de la confection des médicaments ordonnés par l'oculiste. Mademoiselle de Rhodé y fut conduite en même temps, et on courut chercher un médecin qui arriva presque aussitôt, constata une fracture du tibia, signa une admission d'urgence à l'hôpital Saint-Antoine, et envoya chercher un brancard au poste de police.

— A l'hôpital! — s'écria l'aveugle. — Pourquoi l'hôpital? — Ne puis-je donc ramener Thérèse à la maison?

— C'est impossible, ma chère maîtresse... — répliqua la servante. — Ah! miséricorde, qu'est-ce que vous feriez de moi sur mon lit pendant je ne sais combien de temps?... C'est ça qui serait un embarras!... — N'en faut pas! — Je serai soignée comme une reine à l'hospice, et ça ne coûtera rien!... — Un de messieurs les gardiens de la paix aura la complaisance, bien sûr, de vous ramener chez vous... — Vous prierez la concierge d'aller chercher la mère Joséphine... C'est une honnête femme dont je réponds, et qui me remplacera de son mieux pendant mon absence...

— Mais vous quitter, ma pauvre Thérèse... vous quitter! — balbutia l'aveugle, — ça me brise le cœur...

— A moi aussi... mais puisqu'il le faut... D'ailleurs ça ne sera pas pour longtemps. — Voici les clefs de l'appartement... — M. le gardien de la paix qui vous accompagnera les remettra à la concierge, et la concierge vous fera monter... — Il faudra suivre votre traitement comme si j'étais là... — Les remèdes sont-ils faits?

— Oui, — répondit le pharmacien, — les voici...

— Vous me les remettrez... — fit le brigadier.
— C'est moi-même qui conduirai cette brave dame à son domicile...

Le brancard arrivait.

Mademoiselle de Rhodé, le visage inondé de larmes, embrassa Thérèse.

— Je viendrai vous visiter dimanche... — lui dit-elle.

— Oui, mademoiselle, c'est ça... Dimanche... et suivez bien votre traitement...

La pauvre fille était à bout de forces et souffrait le martyre en se contraignant à ne point pousser des cris de douleur.

Elle s'évanouit sur le brancard qui fut aussitôt dirigé vers l'hôpital Saint-Antoine, tandis que le brigadier des gardiens de la paix conduisait l'aveugle en fiacre au numéro 129 de la rue Saint-Honoré.

En arrivant à l'hospice Thérèse fut installée, salle Sainte-Anne, dans le lit portant le numéro 18 et, son évanouissement ayant cessé, on s'occupa de réduire la fracture du tibia, — fracture simple, heureusement.

Le lit numéro 18 se trouvait côte-à-côte avec celui de Claire Gervais, qui ne se doutait guère de la présence à côté d'elle d'une personne qu'elle connaissait.

Le soir même une fièvre violente, qui devait durer plusieurs jours, s'empara de Thérèse.

Ce ne fut pas mademoiselle de Rhodé qui vint la visiter le dimanche suivant, ce fut la mère Joséphine, faisant l'intérim auprès de l'aveugle.

Celle-ci, à la suite de l'émotion terrible qu'elle venait de subir et des nombreuses meurtrissures résultant de sa chute, éprouvait une violente courbature et ne pouvait quitter le lit; mais son état n'offrait absolument rien d'inquiétant.

Adrien Couvreur lui aussi, ce dimanche-là, avait fait une apparition près de Claire.

Le peintre-décorateur, patron du jeune homme, ayant accepté des travaux à exécuter pour le Grand-Théâtre de Bordeaux, Adrien avait été désigné par lui pour aller diriger l'installation des ateliers.

Refuser était impossible sous peine de s'aliéner une bienveillance très précieuse pour l'avenir.

L'absence d'ailleurs devait être de courte durée.
— Trois semaines au plus.

L'annonce du départ prochain de son fiancé attrista beaucoup la pauvre Claire.

De nouveau elle allait donc, et pendant trois semaines, se sentir complètement isolée dans Paris...

— Je vous écrirai... — dit Adrien. — Quand je

reviendrai vous serez sans doute presque au moment de quitter l'hôpital... et alors nous aviserons...

— Oui, mon ami... — balbutia l'enfant en larmes, — écrivez-moi souvent... bien souvent...

— Tous les jours...

— C'est cela... tous les jours... — Vos lettres me consoleront un peu de votre absence... En les lisant... en les relisant... j'oublierai ma solitude...

— Maintenant, j'ai une prière à vous adresser, et vous me feriez beaucoup de peine en la repoussant, — reprit Adrien.

— Une prière?... laquelle?...

— Permettez-moi de vous laisser un peu d'argent...

Claire devint pourpre.

— A quoi bon? — répliqua-t-elle. — N'ai-je pas ici le nécessaire... et même le superflu... sœur Marie est si bonne pour moi... elle me traite en enfant gâté...

— Cependant...

— N'insistez pas, je vous en prie, mon ami... — Vous m'affligeriez, vous me blesseriez en insistant...

XIV

Adrien ne se tint point pour battu.

— Je serais au désespoir de vous affliger, de vous blesser... — répliqua-t-il. — Mais admettons, cependant, que vous sortiez d'ici avant mon retour... Vous vous trouveriez sans ressources, comme au moment où vous y êtes entrée...

Claire, à cette pensée du dénuement absolu, sans pain, frissonna, ce qui ne l'empêcha pas de répondre :

— Eh bien ! dans ce cas, je vous écrirais...

— N'oubliez pas que vous êtes ma femme devant Dieu, que vous serez bientôt ma femme devant les hommes, et que votre devoir est de me témoigner une entière confiance...

— Je vous écrirais, — répéta la jeune fille — j'en prends l'engagement formel...

— Aussitôt votre lettre reçue, j'arriverais, que mes travaux, là-bas, soient ou non terminés.

Les deux fiancés s'embrassèrent, et Adrien sortit de la salle Sainte-Anne le cœur gros, mais sans trop d'inquiétude pour l'avenir.

Avant de s'éloigner il entra dans le bureau de la religieuse surveillante.

— Ma sœur, — dit-il à sœur Marie — je suis obligé de quitter Paris et je resterai absent trois semaines... — Je n'ai pas besoin de recommander à votre bonté la pauvre enfant dont vous connaissez la triste existence, et qui bientôt portera mon nom... Vous êtes, pour tous vos malades, l'ange de la Charité et du dévouement, mais je viens vous prier de vouloir bien vous charger d'un dépôt...

— Quel dépôt? — demanda la religieuse.

— Claire peut être guérie d'ici à trois semaines, et par conséquent obligée de quitter l'hospice...

— C'est improbable, mais pourtant c'est possible...

— Prévoyant que dans ce cas elle se trouverait dans un dénuement absolu, je l'ai suppliée d'accepter un peu d'argent... Elle a refusé...

— Je n'en suis point surprise... la chère enfant risquerait sa vie pour sauvegarder sa dignité... C'est l'exagération d'une vertu...

— Mais — reprit Adrien — ce qu'elle a refusé de moi, elle l'accepterait certainement de vous... Consentez donc à recevoir en dépôt ces cinq cents francs...

— Donnez... — répondit simplement la religieuse.

— Les voici, ma sœur, et merci! — Grâce à vous, je pars tranquille...

— Allez en paix, mon enfant, et que Dieu vous garde!...

Le soir même un train rapide emportait vers Bordeaux le jeune peintre, et le lendemain, en arrivant, il écrivait à Claire selon sa promesse.

L'infirmière chargée de remettre leur correspondance aux malades, était une ancienne connaissance de nos lecteurs.

Elle se nommait Eugénie Darier et nous l'avons vue au début de ce récit, rue de Condé, dans l'étude du notaire David, le jour de la lecture du testament de Joachim Estival, testament sur lequel elle se trouvait inscrite pour une somme de deux cent cinquante francs.

Le mardi à neuf heures du matin, après la visite

des médecins, Eugénie Darier franchit le seuil de la salle Sainte-Anne, un paquet de lettres à la main, et commença sa distribution.

Claire attendait avec anxiété. — Adrien aurait-il pu tenir sa parole? — Y avait-il une lettre pour elle?

L'infirmière fit halte à quelques pas du lit numéro 17, pour lire une adresse, et dit à haute voix :

— Claire Gervais...

— C'est moi... — murmura la jeune fille en tendant une main tremblante vers Eugénie Darier qui s'approcha aussitôt.

En entendant le nom de *Claire Gervais*, Thérèse, occupant — nous le savons — le lit numéro 18, avait tressailli.

Il lui semblait se souvenir que l'orpheline employée dans le magasin de modes de la rue Caumartin s'appelait Claire Gervais.

Elle tourna la tête et regarda sa voisine de dortoir; mais la maladie avait altéré les traits si doux de la pauvre enfant au point de les rendre presque méconnaissables.

Le témoignage de ses yeux ne lui apprit rien.

Cependant l'infirmière, debout devant le lit numéro 17, disait à la convalescente :

— Il me semble bien que je vous connais...

— C'est possible — répondit Claire — car il me semble vous avoir déjà vue, madame.

— N'étiez-vous pas, il y a trois mois à peu près, chez un notaire de la rue de Condé ?

— Oui, madame.

— Alors c'est bien à vous que M. Joachim Estival a laissé comme héritage un billet de loterie?

— C'est bien à moi... et je me souviens maintenant de m'être trouvée là avec vous...

— Pauvre petite, vous n'avez pas de chance, car vous sortiez alors de l'hôpital et vous y voilà revenue...

— Oh! non! je n'ai pas de chance!! — murmura Claire avec un soupir.

— Paraîtrait que votre billet n'a point gagné...

— Il n'est plus dans mes mains, et j'ignore complètement si la loterie est tirée...

— Je n'en sais pas plus long que vous là-dessus. — Allons, au revoir, ma fille, et bon courage... — Puisque nous avons renouvelé connaissance, nous ferons un bout de causette pendant mes distributions.

Eugénie Darier quitta la salle Sainte-Anne, et Claire décacheta sa lettre.

Thérèse n'avait pas perdu un mot de la conversation que nous venons de reproduire.

Maintenant elle était certaine d'avoir pour voisine la jeune fille employée chez madame Thouret, accusée de vol par celle-ci et arrêtée.

Comment n'était-elle plus en prison?

La dévouée servante de mademoiselle de Rhodé attendit que Claire eût achevé la lecture de sa lettre.

Elle la vit appuyer cette lettre contre ses lèvres, puis la glisser sous son oreiller.

Le moment parut opportun à Thérèse pour engager l'entretien.

— Mademoiselle Gervais — dit-elle — regardez-moi... Ne me reconnaissez-vous pas?

La jeune fille se tourna vivement du côté d'où venait la voix qui s'adressait à elle, et poussa un cri de surprise.

— Vous!! Vous, mademoiselle Thérèse! — fit-elle ensuite.

Puis, immédiatement, elle devint pourpre et se servit de ses deux mains pour voiler sa figure.

— Oui, mon enfant, moi, blessée... — répondit la servante. — Mais pourquoi donc cacher ainsi votre visage?...

Claire sanglotait sans répondre.

— Je devine l'idée qui vient de vous venir... — continua Thérèse au bout d'un instant. — Chassez-la bien vite, mademoiselle Claire, et ne pleurez plus... — Oui, ma maîtresse et moi nous avons appris l'accusation qui pesait sur vous; mais ni l'une ni l'autre nous n'avons cru que vous étiez coupable... Je vous en donne ma parole !... — Regardez-moi donc et parlez-moi sans honte... — Je suis si heureuse de me trouver à côté de vous...

Enhardie par ces paroles, Claire regarda Thérèse et ses larmes s'arrêtèrent :

— Ainsi, bien vrai, — balbutia-t-elle — vous ne m'avez pas prise pour une misérable, pour une voleuse?...

— Non, mon enfant... — Ma chère maîtresse et moi nous n'avons pensé à vous que pour vous plaindre de tout notre cœur !... — Enfin, on a reconnu votre innocence... — Vous avez été mise en liberté.

— J'ai passé en jugement... — Mon acquittement a été prononcé.

— Pauvre petite !... — En attendant, comme vous avez dû souffrir !

— J'ai tant souffert que j'en suis tombée malade et que me voici de nouveau à l'hospice... — J'y passe ma vie! — ajouta Claire avec un sourire mélancolique.

— Ma chère maîtresse sera heureuse, très heureuse, de vous embrasser... — reprit Thérèse... — Vous ne pouvez pas vous figurer comme elle vous aime... sans vous avoir jamais vue, hélas!...

— Doit-elle donc venir ici?

— Oui... — Elle viendra certainement me visiter.

— Quand?

— Bientôt... Jeudi, peut-être... Elle serait venue dimanche, mais elle est elle-même très souffrante...

— Souffrante?... — répéta Claire avec inquiétude.

— Oh! une simple indisposition qui provient du saisissement et qui n'a rien de dangereux...

— Alors, vous êtes bien sûre qu'elle n'éprouve point de mépris pour moi?... — Vous lui annoncerez tout de suite que j'ai été acquittée...

— Je vous le promets...

— Ah! quel bonheur ce sera pour moi de la voir!... — Figurez-vous que je n'ai jamais été entraînée vers personne comme je le suis vers elle... — Je pensais à elle bien souvent, et toujours mon cœur battait... — Il me semblait que je la connaissais depuis bien longtemps, et que je l'aimais depuis toujours...

Le service du repas du matin vint interrompre la conversation entre les deux voisines de lit ; mais la glace était rompue, et l'une et l'autre attendaient avec une égale impatience la visite de mademoiselle de Rhodé...

XV

Chaque jour, Claire recevait une lettre d'Adrien, lettre débordante de tendresse.

Elle eût bien désiré répondre à son fiancé et lui dire tout ce qui se passait dans son âme, mais elle ne pouvait encore se servir de sa main luxée, et elle n'osait confier à personne le secret de son cœur.

Le jeudi matin arriva.

— Verrons-nous aujourd'hui mademoiselle de Rhodé? — demanda Claire à Thérèse, qui répliqua :

— Je l'espère bien... — Il faudrait que ma chère maîtresse fût très souffrante pour ne pas venir...

Midi sonna.

Les visiteurs commencèrent à entrer dans a salle Saint-Anne.

Thérèse et Claire tenaient leurs yeux fixés vers la porte.

— Voici mademoiselle... — dit tout à coup Thérèse en apercevant Joséphine qui conduisait l'aveugle dont le visage était pâle et amaigri.

Claire sentit son cœur battre avec violence tandis que Joséphine amenait la maîtresse près du lit de la servante.

— Ah ! mademoiselle — s'écria celle-ci, les yeux pleins de larmes — que je suis heureuse de vous voir...

— Et moi, ma brave Thérèse, j'avais hâte de venir... — répondit l'aveugle. — Comment vous trouvez-vous ?...

— La fièvre m'a quittée... Je vais aussi bien que possible... — Mais vous... vous, mademoiselle ?...

— Un peu faible encore, quoique complètement remise grâce aux bons soins de Joséphine...

La brave femme de ménage avait fait asseoir Pauline de Rhodé entre le lit de Thérèse et celui de Claire.

Celle-ci regardait l'aveugle avec une profonde émotion, en attendant que sa présence lui fût révélée par Thérèse.

— Avez-vous reçu la visite de l'homme d'affaires?... — reprit celle-ci.

— Non. — Personne n'est venu...
— Alors, aucune nouvelle ?
— Aucune... — Aussi ma patience est à bout... Le découragement s'empare de moi... Je n'ose plus espérer... Je me demande parfois si le bon Dieu, pour me faire expier la faute commise autrefois, ne m'a pas à tout jamais séparée de ma fille...

Ces dernières paroles éveillèrent, ou plutôt passionnèrent l'attention de Claire Gervais.

Une mère parlant de sa fille disparue, cela avivait en elle le souvenir du récit de Marie-Jeanne.

— Ne vous mettez pas en tête chose pareille, ma chère maîtresse... — répliqua vivement Thérèse — Vous avez déjà trop souffert pour une faute que tout rendait excusable... Dieu n'est pas sans miséricorde... il aura enfin pitié de vous... il permettra que *Jeanne-Marie* vous soit rendue...

— *Jeanne-Marie !* — s'écria brusquement Claire en se dressant sur son séant, pâle comme une morte, les yeux étincelants, les mains tremblantes.

— Vous avez dit *Jeanne-Marie*, madame Thérèse ?

En entendant la voix qui venait de prononcer ces mots, l'aveugle avait senti tressaillir tout son être.

— Qui a parlé ? — Qui vient de répéter le nom de *Jeanne-Marie ?* — demanda-t-elle haletante.

— Moi... moi, madame... — répondit la jeune fille en se penchant pour prendre les mains de l'aveugle.

— Vous !... Qui, vous ?

— Moi, Claire Gervais...

— Claire Gervais... la pauvre enfant que cette méchante créature osait accuser d'un vol...

— Que je n'avais point commis, madame, je le jure... et la justice, en m'acquittant, l'a prouvé...

— Je vous crois... je vous crois... Pour moi cette preuve était inutile... Pas un instant je n'ai douté de vous... Ainsi, chère mignonne, vous êtes ici... vous êtes libre, et réhabilitée aux yeux de tous... — fit l'aveugle en serrant les mains de la jeune fille contre son cœur.

— Oui, madame... — murmura Claire d'une voix tremblante en portant à ses lèvres les mains de Pauline — et combien je vous suis reconnaissante de ne point avoir douté de moi !... Mais permettez-moi de vous parler... de vous questionner... Vous venez de faire naître en mon âme un espoir... Vous venez d'évoquer un rêve...

— Un espoir... un rêve... — répéta mademoiselle de Rhodé surprise.

— Oui, oui... répondez-moi... répondez-moi, je vous en supplie... Vous verrez bien tout à l'heure que je ne suis point folle... Vous cherchez, n'est-ce pas, ou plutôt on cherche pour vous une jeune fille ?

— Oui... une enfant qui m'a été enlevée...

— Dernièrement — il y a de cela quinze jours environ — ne vous a-t-on pas présenté une jeune fille qu'on vous affirmait être la vôtre ?

— Oui...

— Cette jeune fille s'appelait *Marie-Jeanne* ?

— Oui... toujours oui... Comment savez-vous cela ?

— Attendez! attendez!... — Cette enfant, trouvée blessée sur une barricade de la rue de la Roquette, avait été recueillie par l'Assistance publique...

— C'est vrai... tout est vrai... — balbutia Pauline de Rhodé qui tremblait de la tête aux pieds. — Mais, encore une fois, comment savez-vous ?...

— L'enfant qu'on vous amenait ainsi n'était pas le vôtre... — interrompit Claire.

— Hélas ! la similitude des noms avait causé l'erreur et fait prendre *Marie-Jeanne* pour *Jeanne-Marie*...

— Et Marie-Jeanne ne portait point la médaille qui, seule, pouvait rendre une erreur impossible... — continua la fiancée d'Adrien. — Sa médaille, à elle, n'était pas en argent, percée de trois trous formant triangle...

— Mon Dieu... mon Dieu... — bégaya l'aveugle, la gorge serrée, suffoquant presque. — Mon Dieu, que signifie cela ?...

— Cela signifie — répondit Claire éperdue — que cette médaille, la vraie, toute enfant je l'ai reçue, elle ne m'a jamais quittée et je la porte à mon cou...

— Ma fille... ma fille !... — fit Pauline, chancelant, tendant les bras.

— Ma mère... ma mère !... Vous êtes ma mère...

La révélation était trop inattendue, la scène trop dramatique, l'émotion trop foudroyante, pour une âme éprouvée longuement et pour un corps affaibli.

Mademoiselle de Rhodé poussa un long soupir et perdit connaissance.

— Au secours !... au secours !... — cria Thérèse.

Un brouhaha se fit aussitôt dans la salle Sainte-Anne. — Les infirmières de service et la sœur Marie accoururent vers le lit de Claire.

— Secourez-la.... ranimez-la... — balbutia la jeune fille en désignant l'aveugle — rendez-la-moi... c'est ma mère...

Et, complètement épuisée, elle retomba sur son oreiller, dans un état qui ressemblait à un évanouissement.

La syncope de mademoiselle de Rhodé n'offrait absolument rien de grave et fut de courte durée.

— Que se passe-t-il donc? — demanda la bonne religieuse, Sœur Marie, en voyant l'aveugle revenir à elle-même.

— Ma fille... ma fille... Claire Gervais... J'ai retrouvé ma fille... — répondit Pauline avec un complet désordre de ses pensées et de ses paroles. — La médaille qu'elle porte au cou... donnez-la moi, je vous en prie... je veux la toucher.... je veux être sûre...

Sœur Marie détacha le cordon de soie.

— Tenez, madame... — dit-elle ensuite. — Cette médaille, la voilà!

Mademoiselle de Rhodé la saisit.

— Mais je ne vois pas... je ne vois pas !... Je suis aveugle !... — s'écria-t-elle ensuite avec une soudaine angoisse. — Si c'était encore une erreur!... — Cette médaille est bien en argent ?

— Oui... — répondit la religieuse.

— Portant, d'un côté, l'image de la Vierge Marie ?

— Oui.

— Et, de l'autre ?

— Ces deux mots, en relief : AVE MARIA...

— Et elle est percée de trois trous ?

— Oui, madame...

— Disposés comment?

— En triangle...

— Alors le doute est impossible.... Claire Gervais est bien ma fille ! — Tu es ma fille, entends-tu, Claire, tu es ma fille... tu es ma *Jeanne-Marie*, mon enfant adorée! — M'entends-tu?... — réponds-moi ! pourquoi ne me réponds-tu pas ?...

Et les mains de l'aveugle erraient sur le lit, cherchant les mains de la jeune fille.

Claire rouvrit les yeux.

— Ma mère... ma mère... — balbutia-t-elle — vous étiez ma mère !... — C'est donc pour cela que, sans vous connaître, du premier jour où je vous ai vue, je vous ai aimée... c'était mon cœur qui me poussait vers vous... Si vous saviez comme je vous aime !... Embrassez-moi, ma mère !...

XVI

Pauline de Rhodé se jeta dans les bras de Claire et une longue étreinte fut échangée entre l'enfant et l'aveugle, puis celle-ci reprit :

— Oui, c'est ma fille... ma fille chérie, et je ne veux pas qu'elle reste ici... C'est près de moi qu'est sa place... je la soignerai... je la guérirai...

— Claire est souffrante encore, madame — répliqua sœur Marie — et nous l'enlever trop vite serait compromettre son retour à la santé...

— Je la guérirai, vous dis-je !... — reprit mademoiselle de Rhodé presque avec violence — trop longtemps nous avons été séparées !... On ne m'enlèvera plus ma fille maintenant !

— Ma sœur — balbutia Thérèse en s'adressant à la religieuse — je vous en prie, cédez à la demande de ma chère maîtresse... depuis seize ans elle souffre, elle pleure, appelant son enfant et l'appelant en vain... refuser de la lui rendre aujourd'hui serait la tuer...

Sœur Marie fit un signe de tête et sortit de la salle Sainte-Anne.

L'aveugle tenait toujours les deux mains de Claire, les serrant dans les siennes, les appuyant contre sa poitrine, et prodiguant à sa fille les mots les plus affectueux, lui donnant ces noms si tendres que donne une jeune mère à son tout petit enfant.

Thérèse, pendant ce temps, appela près d'elle Joséphine sa suppléante, et lui fit à voix basse diverses recommandations.

Bientôt Sœur Marie reparut accompagnée de l'interne de service, envoyé par le directeur mis au courant de la situation.

— Ma sœur — dit ce jeune médecin, après avoir examiné longuement la convalescente — rien n'empêche de céder au désir de cette pauvre mère... — Notre malade va beaucoup mieux et peut supporter le transport...

Puis, s'adressant à l'aveugle, il ajouta :

— On va signer l'*exeat* de Claire Gervais, madame... — Avez-vous une voiture ?...

— Oui, monsieur... — répondit mademoiselle de Rhodé. — Celle qui nous a amenées nous attend...

— On enveloppera Claire très chaudement — dit Sœur Marie.

Une demi-heure plus tard la jeune fille, ivre de joie d'avoir retrouvé sa mère, partait avec celle-ci pour le n° 129 de la rue Saint-Honoré, où Joséphine lui dressa vivement un lit.

Toute la soirée se passa en épanchements, en questions réciproques, en caresses échangées.

Claire oubliait tout, les privations, les douleurs, les misères, les humiliations subies. — Dans ces premières heures d'affolement causé par le bonheur inattendu, inespéré, elle oubliait presque son amour.

— Mon enfant — lui dit l'aveugle quand un peu de sang-froid lui fut revenu — maintenant que je t'ai retrouvée, nous devons songer à ton avenir... à la fortune considérable... plus de deux millions... dont tu es héritière... — Il faut se hâter de faire les démarches et de payer les droits nécessaires pour entrer en possession de cet héritage, car le temps presse... les délais fixés par la loi ne tarderont point à expirer... Je vais donc faire prévenir une personne charitable, un très digne homme, que tu connais d'ailleurs et qui a bien voulu me prêter son appui... C'est lui qui se chargera de tout... — Je vais le faire prévenir...

— Qui donc? — demanda Claire.

— M. Joubert.

En entendant ce nom détesté, la jeune fille tressaillit.

Joubert! — répéta-t-elle vivement. — Quel est cet homme que, dites-vous, je connais déjà?...

— L'héritier de M. Estival qui nous réunissait, il y a près de trois mois, chez le notaire de la rue de Condé...

Claire respira.

A coup sûr il n'y avait là qu'une similitude de noms. — L'héritier de Joachim Estival ne pouvait avoir rien de commun avec Léopold Joubert, son persécuteur.

Il fut convenu que le lendemain matin Pauline enverrait chercher l'homme d'affaires.

En effet le lendemain, à dix heures, Joséphine, munie des instructions de l'aveugle, se rendait rue Geoffroy-Marie.

— Que voulez-vous? — lui demanda un employé.

— Parler à M. Placide Joubert.

— Pour affaires personnelles ?

— Non.

— Alors de la part de qui venez-vous?

— De la part de mademoiselle de Rhodé...

— Il fallait donc le dire tout de suite.

Et l'employé alla prévenir son patron, qui donna l'ordre d'introduire immédiatement la personne envoyée par l'aveugle.

— Etes-vous au service de mademoiselle de Rhodé? — fit-il en regardant avec surprise Joséphine qu'il ne connaissait point et qui répondit :

— Thérèse s'étant cassé la jambe, je la remplace jusqu'à sa guérison... — Mademoiselle m'envoie pour prier monsieur de venir chez elle tout de suite.

— Tout de suite ! — C'est donc bien pressant?

— Oh ! oui, monsieur...

— De quoi s'agit-il ?

— De la fille de mademoiselle de Rhodé...

Joubert haussa les épaules.

— Sa fille ! — répéta-t-il. — Dites à votre maîtresse que, puisqu'elle le désire, j'irai la voir dans l'après-midi, et prévenez-la que je n'ai rien de nouveau à lui apprendre...

— Mais il y en a, du nouveau, à la maison, monsieur... — répliqua Joséphine.

— Ah ! bah ! — Qu'est-ce que c'est que ce nouveau ?

— La fille de mademoiselle...

— Eh bien?

— Eh bien! elle est chez mademoiselle...

Joubert bondit.

— Hein?... quoi?... qu'est-ce que vous dites?... — s'écria-t-il, tout à la fois incrédule et anxieux.

— Je dis que mademoiselle de Rhodé a retrouvé sa fille...

— Une fille de contrebande, sans le moindre doute, comme la première...

— Non, non, monsieur, la vraie, c'est certain...

— Comment le sait-on?

— Elle porte au cou une médaille d'argent percée de trois trous, et elle a raconté son histoire à mademoiselle.

Joubert, complètement ahuri, passa ses deux mains sur son front.

— Sa vraie fille... — murmura-t-il... La médaille percée de trois trous... Vous l'avez vue?...

— Comme je vois monsieur... Les trois trous forment le triangle...

— Et où mademoiselle de Rhodé a-t-elle déniché cette enfant?

— Dans un hôpital où elle allait visiter Thérèse...

Placide mit son pardessus, prit son chapeau et, voulant savoir à l'instant même à quoi s'en tenir, dit à Joséphine :

— Venez...

Il l'entraîna dans les escaliers, la fit monter dans un fiacre qui passait à vide, y monta lui-même et cria au cocher :

— Rue Saint-Honoré, numéro 129.

Pendant tout le trajet, absorbé par ses réflexions, il n'ouvrit pas la bouche.

En dix minutes on arriva, et l'homme d'affaires monta si vite les marches de l'escalier que Joséphine eut peine à se trouver en même temps que lui sur le palier pour lui ouvrir la porte.

Pauline de Rhodé, qui se dirigeait dans son appartement aussi bien que si elle avait eu ses yeux, se trouvait dans la première pièce.

Claire — que nous continuerons à nommer ainsi, au lieu de l'appeler Jeanne-Marie, — se sentant beaucoup mieux avait voulu se lever; — elle était dans la chambre de sa mère, à demi étendue sur une chaise-longue, près de la cheminée où brûlait un grand feu.

— Voici M. Joubert, mademoiselle... — dit Joséphine à l'aveugle qui s'écria, riant et pleurant à la fois :

— Oh! venez, venez, monsieur... — Ma fille est là... j'ai retrouvé ma fille... venez...

Elle ouvrit la porte de la pièce voisine et, tenant Joubert par la main, lui fit franchir le seuil de cette pièce.

L'homme d'affaires eut toutes les peines du monde à contenir un cri prêt à s'échapper de son gosier, et il fut obligé de s'appuyer, chancelant, au chambranle de la porte.

Il venait de reconnaître Claire Gervais.

— Ah! je comprends votre surprise! — fit l'aveugle en sentant frissonner sa main. — Vous ne vous attendiez pas à retrouver en Claire Gervais, ma fille, l'héritière des deux millions et demi du comte de Rhodé...

— Je ne m'y attendais pas, en effet... — répondit Placide, reprenant son calme. — Mais n'êtes-vous point dupe de fausses apparences? mademoiselle Gervais est-elle bien votre fille?

— Tenez... tenez... — répliqua l'aveugle en s'approchant de la chaise-longue et en détachant le cordon que Claire portait à son cou. — Regardez cette médaille et vous ne douterez plus...

XVII

Joubert prit la médaille et dit, après l'avoir examinée :

— Elle est parfaitement semblable à celle que vous possédez, mademoiselle, et qui vous vient de Joachim Estival... — Si, avec cela, il y a concordance entre les souvenirs de mademoiselle Gervais et ce qui nous est connu du passé, il y aura bien des chances pour qu'aucune erreur ne soit à craindre...

— Voici mes souvenirs, monsieur... — fit la convalescente. — Jugez vous-même...

Et elle répéta ce que nos lecteurs savent déjà.

Joubert était convaincu.

— Vous devez avoir — fit-il — des pièces prouvant que vous avez été recueillie par madame

Gervais dans les conditions racontées par vous ?
— Je les ai, monsieur... — Ces pièces se trouvent dans le tiroir d'un meuble du logement que j'occupais...

— Rue des Lions-Saint-Paul ?

— Oui, monsieur...

— Vous avez la clef de votre logement ?

— Sans doute, mais...

La jeune fille n'acheva pas la phrase commencée.

— Mais, quoi ? — demanda Joubert.

Pauline de Rhodé prit la parole.

— Mon enfant était très pauvre.... — dit-elle. — La chère mignonne doit plusieurs termes... — On l'avait avertie qu'elle devrait quitter son logement en un délai très bref, et elle ne sait pas si pendant sa dernière maladie le propriétaire, usant de rigueur, n'aura pas fait vendre ses meubles...

— Ceci n'est point à craindre... — répliqua Joubert... — Le propriétaire ne pouvait en disposer si vite... — Je vais le voir et payer ce qui lui est dû... — Que mademoiselle Gervais veuille bien me donner sa clef et j'irai moi-même chercher les papiers.. — Ils sont nécessaires pour dresser un acte rendant indiscutable l'identité, et, faute de cet acte, mademoiselle ne pourrait entrer en possession de son héritage...

— La clef de mon logement est à votre disposition... — murmura Claire.

— Verrez-vous le notaire de la rue de Condé ?... — demanda l'aveugle.

— J'aurai besoin de son concours pour toute cette affaire... — Je dois m'occuper d'abord de l'acte d'identité, et ensuite j'aurai, mademoiselle, à causer longuement avec vous...

— Pourquoi pas tout de suite ?

— Non... non... plus tard... Ce doit être plus tard... — Veuillez me remettre la clef...

Claire quitta sa chaise-longue pour aller prendre cette clef sur un meuble et la donna à Placide.

— Merci, mademoiselle... — lui dit-il — Comptez absolument sur moi... — Je vous serai dévoué comme à madame votre mère... — vous en aurez la preuve...

Il partit, remonta en voiture et donna l'ordre de le conduire au numéro 27 de la rue des Lions-Saint-Paul.

Tout en roulant il murmurait, avec un reste de stupeur :

— Claire Gervais libre !... acquittée !! — Claire Gervais fille de mademoiselle de Rhodé ! — Cette enfant qui semblait entraver mes projets et que je voulais perdre... C'était elle qu'aimait mon fils !...

Elle, l'héritière des millions du comte de Rhodé!...
Et je l'envoyais en cour d'assises !... Quel impair !!

Placide essuya son front que mouillait de sueur le souvenir de ses infamies, et surtout celui de ses maladresses.

Arrivé rue des Lions-Saint-Paul, l'homme d'affaires paya tout ce qui était dû par Claire Gervais, se fit donner par la portière stupéfaite un reçu bien en règle, monta au logement de la jeune fille, prit les papiers qui se trouvaient en effet dans le tiroir d'un meuble, puis, muni de ces papiers, se rendit chez le notaire David et s'entendit avec lui relativement à la marche à suivre pour établir dans le plus bref délai l'acte d'identité.

En quittant la rue de Condé, Placide alla chez son fils Léopold qu'il ne trouva pas.

— Vous le préviendrez que j'ai besoin de le voir pour une affaire absolument urgente. — dit-il au valet de chambre. — Je l'attendrai toute la soirée.

— Monsieur Joubert, la commission sera faite.

Elle le fut en effet car, à neuf heures précises, Léopold arrivait chez son père.

— Tu m'as réclamé, papa? — dit-il en s'avançant, non sans quelque inquiétude.

— Oui, et je suis content de ton exactitude... — Nous avons à causer d'affaires sérieuses.

— Pas comme l'autre jour, j'espère... — murmura le gommeux.

Joubert ne put s'empêcher de sourire.

— Non, pas comme l'autre jour... — répliqua-t-il. — Assieds-toi, et réponds-moi franchement... si toutefois tu es capable d'un peu de franchise. — Combien dois-tu dans Paris ?

Surpris de cette question, Léopold regarda son père d'un air ahuri et resta bouche béante.

— Réponds-moi donc ! — reprit Placide ; — Si je te demande le chiffre de tes detttes, c'est que probablement j'ai l'intention de les payer...

— Papa, je ne sais pas au juste... il faut que je consulte mes notes... car j'ai de l'ordre, papa..., beaucoup plus d'ordre que tu ne le crois, et je te ferai un petit travail très complet.

— Surtout qu'il soit exact...

— Il le sera, papa...

— Tu y ajouteras le chiffre de ce que tu croiras devoir donner à Lucienne Bernier pour rompre avec elle en galant homme qui fait largement les choses...

— Rompre avec Lucienne ! — répéta Léopold, dont la stupeur redoublait. — Mais nous nous sommes remis ensemble, et je n'ai pas du tout envie de rompre...

— Il le faut, cependant.

— Pourquoi ?

— Parce que tu dois être libre, afin d'épouser une femme qui t'apportera deux millions cinq cent mille francs, auxquels, moi, j'en joindrai immédiatement cinq cent mille... sans préjudice de ce que je te laisserai plus tard...

— Alors, décidément, papa, tu y tiens? Ça tourne chez toi à l'idée fixe ! Tu veux me marier ?...

— Oui.

— Et la femme que tu cherchais pour me la mettre sur les bras en légitimes noces, l'inconnue mystérieuse, tu l'as trouvée ?

— Je l'ai trouvée...

— Et elle a un fort sac ?

— Je viens de te le dire, *un sac* de deux millions et demi...

— Sans blague ?

— Je ne plaisante jamais.

— Alors c'est une bancale, une bossue, la jeune personne? — Elle a une jambe de bois ou un œil de verre ?...

— C'est une jolie... très jolie fille...

— De plus fort en plus fort, comme chez feu Nicolet ! — Est-ce que je la connais, par hasard, ta jolie fille ?

— Tu la connais...

— Papa, ne me fais point languir... Sois gentil... Dis-moi la première lettre de son nom, rien que la première lettre...

— Claire Gervais.

Ce fut au tour de Léopold à bondir comme son père avait bondi le matin de ce même jour.

— Claire Gervais ! — répéta-t-il — Est-ce que les oreilles me cornent ?

— Nullement — tu entends bien.

— Claire Gervais, à propos de qui tu as failli m'étrangler sur ce même fauteuil où me voilà ! — Claire Gervais, dont j'étais toqué comme on n'a jamais pu l'être de n'importe qui ! et qui est, pour le quart d'heure sous les verrous !... Claire Gervais, une voleuse !

— Non... une honnête enfant faussement accusée...

— Ça ne l'empêchera pas de passer aux assises...

— Elle y a passé et elle en est sortie blanche comme neige.

— Acquittée ?

— Oui... aux applaudissements de toute la salle...

— Ah ! papa, je te disais bien qu'elle était brave fille... qu'elle ne pouvait pas avoir volé... qu'on la

calomniait... — M'as-tu assez emballé à ce sujet-
là !!

— J'ai eu tort... Avouer ses torts c'est les
réparer.

— Et tu veux maintenant que je l'épouse, quoiqu'elle ait été en prison?

— Je le veux ! — L'ayant mal jugée, je lui dois
une réparation... — d'ailleurs elle a deux millions
et demi... elle est digne d'être ta femme...

— C'est qu'un certain jour, ayant un plumet soi-
gné, j'ai été... j'ai voulu... Enfin, elle a dû me
trouver pas drôle...

— Elle a certainement bon cœur... Elle te pardonnera...

— Je me figure qu'elle a un béguin pour un
particulier qui s'est conduit un peu brutalement
avec moi...

— Il faut qu'elle t'aime et elle t'aimera ! Elle
sera ta femme, puisque je l'ai résolu ! — Tiens-toi
cela pour dit !...

XVIII

Léopold laissa tomber ses bras le long de son corps.

— C'est bien, papa... — dit-il. — Ça se fera, puisque tu le veux ; mais c'est épatant tout de même ! — Quand verrai-je Claire ?

— Lorsque je le jugerai convenable je te conduirai chez sa mère... — répliqua Placide.

— Chez sa mère ! — s'écria le gommeux. — Qu'est-ce que tu me racontes là, papa ? — Elle est orpheline...

— Elle croyait l'être. — Elle a retrouvé une famille... — Inutile, d'ailleurs, de me questionner... je ne te dirai pas autre chose, pour le moment... — Dépêche-toi de rompre avec Lucienne Bernier car, avant six semaines, tu seras marié et riche... — Et maintenant, bonsoir... je ne te retiens point... j'ai besoin de me reposer...

Léopold serra la main de son père et s'en alla, en se demandant s'il était positivement bien éveillé tant ce qui se passait lui faisait l'effet d'un rêve.

.'.

Une lettre portant le timbre de Bordeaux était arrivée pour Claire Gervais à l'hospice Saint-Antoine, juste le lendemain du jour où la convalescente l'avait quitté.

L'infirmière chargée de la distribution des correspondances aux malades alla trouver sœur Marie, et lui demanda ce qu'elle devait faire de cette lettre.

— Donnez-la moi — répondit la religieuse — je m'en charge.

La scène qui s'était passée la veille sous ses yeux, près du lit de la jeune fille, avait prouvé surabondamment à sœur Marie qu'elle se trouvait en présence d'un mystère de famille.

Pauline de Rhodé appartenant aux castes supérieures, l'enfant qu'elle venait de retrouver allait commencer une existence nouvelle, toute différente de la précédente.

Claire Gervais, pauvre petite ouvrière en modes, pouvait épouser un simple peintre décorateur, et même en l'épousant faire un beau mariage.

En serait-il de même dans la position que Claire allait peut-être occuper ?

La chose étant fort délicate, sœur Marie résolut d'en conférer avec la femme de confiance de mademoiselle de Rhodé.

Elle se rendit donc auprès de Thérèse qui lui demanda :

— Avez-vous eu des nouvelles, ma sœur, de ma bonne maîtresse et de sa chère fille ?...

— Non, mon enfant, et c'est au sujet de cette dernière que je viens causer avec vous...

— Au sujet de mam'selle Claire, c'est-à-dire Jeanne-Marie ?

— Oui.

— Parlez, ma Sœur.

— Vous avez dû remarquer au moins une fois, peut-être même plusieurs fois, que quelqu'un venait visiter notre chère malade...

— Oui... un jeune homme. — Quel était ce jeune homme, ma sœur ?

— Un brave garçon, j'en suis sûre... — Il aime Claire honnêtement, c'est facile à voir... Il a fait pour l'avenir des projets de mariage. — Ces projets pourront-ils maintenant se réaliser ?... — La situation de Claire ne rendra-t-elle pas impossible son union avec ce jeune homme ?

— Oh ! impossible, ma sœur !... — répondit vivement Thérèse. — Ce pauvre garçon aurait tort de conserver le moindre espoir... La fille de ma chère maîtresse hérite d'une très grosse fortune qui va lui permettre de porter dignement son nom... un nom de grande noblesse... — Sa mère ne consentirait jamais à lui voir contracter un mariage point du tout en rapport avec sa situation actuelle, qui la met à même d'aspirer aux plus brillants partis...

— Je l'avais bien pensé, et c'est pourquoi j'ai voulu causer de cela avec vous, qui paraissez investie de toute la confiance de votre maîtresse...

— Depuis plus de seize ans, ma sœur, je ne l'ai pas quittée. Elle n'a rien de caché pour moi... Je connais tous les beaux rêves qu'elle faisait au sujet de son enfant, si Dieu lui permettait de la retrouver...

— Donnez-moi donc un conseil...

— Moi !... un conseil à vous, ma sœur !... En serais-je capable ?... — Enfin, si vous me questionnez, je vous répondrai de mon mieux...

— Ce jeune homme... ce brave garçon... écrit régulièrement à Claire...

— A cette heure, il ne sait plus où elle est, et la correspondance va se trouver forcément interrompue...

— Il est arrivé ce matin une lettre pour Claire...

— Vous êtes certaine, ma sœur, que cette lettre est de lui ?

— Oui. — Elle porte le timbre de Bordeaux, et je sais qu'il est à Bordeaux... Il m'a même donné son adresse pour un cas urgent...

— Eh bien ?...

— Eh bien ! voici ce que j'ai le droit et même le devoir de faire, ayant reçu de ce pauvre jeune homme un dépôt qu'il faut lui rendre... — Je lui écrirai en lui retournant sa lettre et en lui disant que Claire a retrouvé sa famille, qui l'a emmenée, et que je l'engage à cesser toute correspondance, car ses lettres ne parviendraient point à destination...

— Mais, ma Sœur, s'il vous demande l'adresse de mam'selle Claire ?

— Certes ! je ne mentirai pas... je ne mentirais pour rien au monde... Mais je puis ignorer cette adresse...

— C'est ce qu'il faut, ma sœur, et ça assurera la tranquillité de ma bonne maîtresse et de sa chère fille... — Il est nécessaire de ne laisser aucune illusion à ce jeune homme, et ça dans son propre intérêt...

— Vous m'approuvez alors ?

— Ah ! je crois bien !

— Je vais donc lui écrire tout de suite

Sœur Marie entra dans la pièce servant de bureau qu'elle occupait auprès de la salle Sainte-Anne, prit une feuille de papier et traça ces lignes :

« Mon cher enfant,

» Je dois vous retourner la lettre que vous avez
» adressée à Claire Gervais et qui n'a pu lui être
» remise, Claire ayant quitté l'hospice depuis
» hier... — Elle a retrouvé sa famille, sa mère, qui
» depuis seize années la cherchait, ne vivant que
» pour elle, dans l'espoir, à présent réalisé, de
» l'embrasser un jour.

» Claire va être riche et heureuse.

» Vous comprenez, mon cher enfant, que si une
» correspondance était possible, et même toute
» naturelle, entre vous et la petite ouvrière sans
» famille, il n'en serait pas de même aujourd'hui

» avec une héritière qui ne dépend plus d'elle
» seule.

» Je vous conseille donc de cesser d'écrire,
» puisque vos lettres n'arriveraient point à leur
» destinataire.

» A votre retour à Paris, venez me réclamer le
» dépôt que vous m'avez confié.

» Votre sœur en Dieu,

» Sœur MARIE,
» Hôpital Saint-Antoine. »

Le soir même cette lettre, adressée à Adrien Couvreur, partait pour Bordeaux.

*
* *

Grâce aux pièces trouvées rue des Lions-Saint-Paul dans le logement de Claire, et grâce surtout à l'activité du notaire David, l'acte d'identité fut dressé, légalisé et enregistré en deux jours.

Le juge de paix consulté donna le conseil de provoquer immédiatement la nomination d'un conseil de famille.

Maître David alors passa la main à Joubert.

Celui-ci se rendit sans perdre une minute chez mademoiselle de Rhodé, lui annonça, ainsi qu'à sa fille, qu'il avait dans les mains l'acte lui permettant d'agir, et qu'aussitôt le conseil nommé on enverrait au notaire d'Alger une procuration régulière afin de procéder à l'inventaire de la succession du comte Jules de Rhodé.

Claire était devenue triste et sombre.

Un pli profond se creusait entre ses deux sourcils.

Si mademoiselle de Rhodé n'avait point été aveugle, elle aurait constaté, avec une immense douleur, que depuis deux jours les yeux de sa fille laissaient couler des larmes silencieuses, furtivement essuyées.

C'est qu'après les premières joies, les premiers épanchements, les premières étreintes, Claire s'était reportée vers le passé si proche, et que tout, dans ce passé, lui parlait d'Adrien.

Adrien devait lui avoir écrit, puisqu'il lui écrivait chaque jour.

Qu'étaient devenues ses lettres ?...

Sans doute on les lui avait retournées, leur destinataire n'étant plus à l'hospice...

Que penserait le jeune homme en les voyant revenir ?...

Quelle douleur poignante il allait éprouver ! !

— Il va me croire morte... — se disait la jeune

fille. — Il arrivera à Paris. — Quel désespoir en ne me trouvant plus !... — Que supposera-t-il en apprenant que j'ai retrouvé ma mère ?... Que je suis devenue brusquement orgueilleuse et mauvaise en devenant riche... que la tendresse filliale et les ivresses de la fortune ont étouffé l'amour dans mon cœur !... — Et alors il ne m'aimera plus !... il me méprisera !...

En se disant cela, Claire pleurait.

Elle n'osait point s'ouvrir à sa mère, sachant à merveille que celle-ci avait formé pour elle des projets d'avenir bien différents des siens et, tout en se trouvant heureuse des baisers de l'aveugle, elle souffrait de cette position nouvelle, qui lui imposait des devoirs nouveaux et l'empêchait de rester elle-même et d'écouter son cœur.

XIX

Lorsque Placide Joubert se présenta rue Saint-Honoré, Claire était dans un de ces moments de tristesse profonde.

— Ma tâche est terminée, mademoiselle... - dit l'homme d'affaires à l'aveugle, après avoir expliqué le but de sa visite... — Je n'ai pas eu le bonheur de retrouver moi-même votre fille, comme je l'aurais voulu, et de vous la ramener; mais elle est près de vous, et c'est l'essentiel... Grâce à Dieu, le but est atteint !

— Votre tâche est terminée, dites-vous?... — s'écria mademoiselle de Rhodé avec inquiétude.

— Sans doute.

— Allez-vous donc m'abandonner, à cette heure où j'ai plus que jamais besoin de vous?

Placide eut un sourire aux lèvres.

Il avait parlé dans le but unique de faire naître la protestation de mademoiselle de Rhodé.

— Loin de moi la pensée de vous abandonner, mademoiselle, — répondit-il, — si vous pensez avoir besoin de mon assistance pour ce qui reste encore à faire. — Mais ma dignité professionnelle et, j'ose le dire, mon caractère bien connu me défendaient de m'imposer...

— Sans vous je ne puis rien... — reprit Pauline. — Vous m'avez promis de demeurer mon conseil...

— J'ignore si j'ai l'agrément de mademoiselle Jeanne-Marie de Rhodé...

— Je ne vous demande, monsieur, que d'être pour moi ce que vous avez promis d'être pour ma mère... — répondit Claire vivement.

— J'aurai donc l'honneur de me tenir à vos ordres, mesdames... — fit Placide d'un ton patelin.

— Que devons-nous faire maintenant? — demanda l'aveugle.

— Vous êtes légalement tutrice de mademoiselle Jeanne-Marie, reconnue votre fille ; mais il importe de réunir sans retard un conseil de famille, composé de six membres dont l'un sera nommé subrogé tuteur. — Procuration sera donnée par vous et par lui au notaire d'Alger, qui procédera à l'inventaire de la succession... — Immédiatement après nous payerons les droits au fisc, et l'envoi en possession sera prononcé par le président du tribunal.

— Un conseil de famille composé de six membres! — s'écria l'aveugle. — Mais, monsieur Joubert, je n'ai plus ni famille, ni relations!... — Je ne saurai à qui m'adresser...

— Ne vous inquiétez point de cela, mademoiselle; — je trouverai parmi mes amis d'honnêtes gens, des gens de cœur et de dévouement qui voudront bien vous prêter assistance... — Je serai l'un de ceux-là... — Quant au subrogé-tuteur, qui doit être un autre vous-même et gérer avec vous la fortune de votre fille mineure...

— Celui-là... cet autre moi-même, — interrompit Pauline de Rhodé, — ce sera vous, monsieur Joubert!...

Placide tressaillit.

— Moi! — s'écria-t-il.

— Ma mère a raison, monsieur... — appuya Claire. — Personne ne saurait mieux que vous remplir ce mandat...

— Il entraînerait pour moi une lourde responsabilité, mademoiselle.

— Acceptez-la, monsieur, par dévouement pour deux pauvres femmes qui vous devront la tranquillité de leur vie, et qui ne vous marchanderont pas leur reconnaissance.

— Une requête ainsi présentée, mademoiselle, ne se décline point... J'accepte.

— Et nous vous en remercions du fond du cœur!

— Maintenant, monsieur Joubert, — fit l'aveugle, — vous souvenez-vous de m'avoir dit, lors de votre dernière visite, que nous aurions ensemble un entretien sérieux, quand le moment vous semblerait opportun?

— Certes, je m'en souviens.

— Le moment opportun est-il venu?

— Oui, mademoiselle.

— Eh bien! parlez. — Je vous écouterai avec une attention et une sympathie dont vous ne doutez pas.

— J'en demande mille fois pardon à mademoiselle Jeanne-Marie, mais j'aurais désiré ne parler qu'à vous seule, mademoiselle...

— C'est bien facile. — Venez avec moi, monsieur Joubert...

Et l'aveugle conduisit Placide dans la pièce voisine.

— Maintenant, — poursuivit-elle, — personne ne peut nous entendre... — De quoi voulez-vous m'entretenir?

— D'un sujet très intime et qui touche à nos deux familles...

Pauline fit un geste de surprise.

Placide continua :

— Mademoiselle Jeanne-Marie, votre fille, est jolie... très jolie même...

— Ah ! que n'ai-je des yeux pour la voir ! — s'écria l'aveugle.

— Il est donc tout naturel qu'étant jolie elle soit admirée, et de l'admiration à l'amour il n'y a qu'un pas...

— C'est vrai...

— Je crois avoir eu l'honneur de vous dire, il y a quelque temps, mademoiselle, que j'avais un fils...

— Oui, et vous m'aviez même promis de me le présenter...

— Eh bien ! ce fils, mon unique enfant, a vu mademoiselle Jeanne-Marie quand elle n'était encore que Claire Gervais, et il l'aime...

— Il l'aime ! — répéta mademoiselle de Rhodé stupéfaite. — Votre fils aime ma fille !

— Passionnément... — le mot n'est pas trop fort.

— Quel âge a-t-il?

— Vingt-deux ans.

— Il a dit à ma fille qu'il l'aimait?

9.

— Il le lui a dit... — Mais Claire Gervais, simple ouvrière, ne possédait pour vivre que son aiguille... — La position de fortune de mon fils, qui sera très riche, l'a effarouchée... Elle a cru que Léopold voulait faire d'elle sa maîtresse, quoiqu'il parlât mariage et qu'il fût indiscutablement de bonne foi... Elle l'a repoussé...

— Elle l'a repoussé! — murmura mademoiselle de Rhodé en joignant les mains. — Et elle était si pauvre que parfois le pain lui manquait!... Ah! la courageuse et pure enfant!

— Admirable nature, nature d'élite!... — appuya Placide. — Aussi mon fils, sachant la comprendre et l'apprécier, éprouve pour elle une de ces passions qui ne finissent qu'avec la vie!... — Vous tenez donc entre vos mains le bonheur de mon unique enfant... — Ceci, mademoiselle, s'adresse à votre cœur; mais je laisse de côté, pour quelques secondes, la question de sentiment, et je vais parler à votre raison...

» Pour que mademoiselle Jeanne-Marie puisse entrer en possession de la fortune dont la nue propriété lui est échue et dont vous aurez la jouissance, il faut, vous le savez, payer au fisc des droits de mutation, et le chiffre de ces droits représente une somme énorme.

» Cette somme, vous ne la possédez pas, et je pose hardiment en fait qu'il vous serait impossible de la trouver...

» Les droits n'étant pas payés dans les délais légaux, la ville d'Alger ferait déclarer la déchéance de votre fille et entrerait en possession de l'héritage du comte de Rhodé...

— Mais, — murmura timidement l'aveugle, — vous m'aviez promis...

Elle s'interrompit.

— De faire toutes les avances nécessaires... — acheva Placide. — Oui, certes ! Seulement, quand j'ai promis, j'ignorais que le bonheur de mon fils fût en jeu... — Je vous le demande, mademoiselle, serait-il logique d'ouvrir ma caisse pour vous assurer une fortune, au moment où vous briseriez l'avenir et peut-être la vie de mon Léopold ?

» Consentez au contraire à un mariage qui réunit toutes les convenances ; oui, toutes, car, si le nom de Rhodé est plus aristocratique que le nom de Joubert, il y a une petite tache sur l'acte de naissance de mademoiselle Jeanne-Marie, et Léopold, après moi, possédera beaucoup plus de deux millions et demi... Consentez, dis-je, et alors, les droits de mutation étant payés en temps utile, l'héritage vous arrivera, sans compter que vous aurez assuré le bonheur de deux enfants si bien faits l'un pour l'autre !...

Joubert se tut.

Pauline de Rhodé était en proie à une émotion plus facile à comprendre qu'à décrire.

Après un moment de silence, qui lui sembla très long, l'homme d'affaires de la rue Geoffroy-Marie reprit :

— Votre réponse, mademoiselle ?

— Vous savez, monsieur, — balbutia l'aveugle, — vous savez que j'éprouve pour vous des sentiments de haute estime et de vive gratitude... Mais en ce moment il ne s'agit pas de moi seule... L'assentiment de ma fille m'est indispensable...

— Je le comprends...

— Il faut que je lui parle... que je lui apprenne vos conditions...

— Oh ! le vilain mot, mademoiselle ! — Je ne fais point de conditions... j'exprime un vœu... S'il n'est point agréé, je me retire le cœur brisé, voilà tout...

— Mais pourquoi notre demande serait-elle mal accueillie ? — Léopold, dans une circonstance qu'il déplore, a été un peu vif avec mademoiselle Jeanne-Marie, ou plutôt avec Claire Gervais; mais votre fille a trop d'intelligence et de bonté pour ne pas être indulgente. Elle oubliera. Elle pardonnera.

Elle ne voudra penser qu'au bonheur de sa mère...
— Parlez-lui... — je reviendrai demain, et demain, je l'espère, vous me donnerez l'autorisation de vous présenter mon fils... mon cher fils !

Ayant ainsi dit son dernier mot, Joubert salua l'aveugle et partit.

XX

Ce que Pauline de Rhodé venait d'apprendre lui portait un coup terrible.

Les paroles de Placide n'étaient que trop claires. C'était un marché qu'il proposait.

Ou il obtiendrait la main de Jeanne-Marie pour son fils, ou il cesserait de s'occuper des affaires de l'aveugle, il n'avancerait point les droits de mutation, et alors adieu l'héritage du comte Jules.

Pauline, le visage sombre, rentra dans la chambre où se trouvait sa fille.

— M. Joubert est parti, ma mère ? — demanda la convalescente.

— Oui, ma chérie, et l'entretien que je viens d'avoir avec lui m'a vivement remuée...

— De quoi s'agissait-il donc ?

— De toi, mon enfant...

— Comment cela?

— Nous sommes en présence, par le fait de M. Joubert, d'une question de vie ou de mort...

— Je ne vous comprends pas... que voulez-vous dire?... — murmura Claire avec une angoisse naissante.

— Je veux dire que si Placide Joubert, qui est riche, retire de nous sa main protectrice, nos rêves de fortune s'en iront en fumée... Nous retomberons dans une situation si humble qu'elle est presque la misère...

— C'est vrai, puisque l'héritage nous échappera si les droits de succession ne sont point payés par M. Joubert... Mais il vous avait promis... Est-ce qu'il retire sa parole?... Est-ce qu'il refuse?...

— Non... seulement il ne consent que sous conditions.

— Si c'est une part de l'héritage qu'il exige, une grosse part, il faut la lui donner... Mieux vaut faire un sacrifice que de perdre tout.

— Ce n'est point d'argent qu'il a parlé.

— Ah!

— Il m'a dit que de toi seule dépendait son dévouement pour nous, par conséquent notre avenir...

— De moi seule!

— Oui. — Tu as vu M. Joubert chez le notaire de la rue de Condé... l'as-tu revu depuis?

— Jamais, sauf ici, deux fois...

— Savais-tu qu'il avait un fils?

— Claire devint très pâle.

Son angoisse, vague jusqu'à ce moment, prenait une forme déterminée.

— Je l'ignorais, — balbutia-t-elle.

— Tu connais, cependant, un jeune homme appelé Léopold Joubert?

— Quoi! — s'écria l'enfant frémissante, — Léopold Joubert est son fils?

— Oui.

— Oh! ma mère... ma mère... ne me parlez jamais de ce Léopold!

— Pourquoi donc?

— Parce que je le déteste et je le méprise!... C'est un misérable qui, me voyant pauvre et sans défense, m'a poursuivie de ses obsessions, de ses outrages...

— Mon enfant, calme-toi, je t'en supplie... il faut m'écouter... il faut m'entendre... je dois te parler du fils de M. Joubert...

— Que me veut-il donc encore? — N'est-ce point assez de m'avoir insultée à deux reprises différentes... d'avoir tenté de m'acheter d'abord, et ensuite de me violenter... — Ecoutez-moi, ma mère, et soyez juge!

Rapidement, fiévreusement, Claire raconta ce que savent déjà nos lecteurs.

— Après tout cela — dit-elle en terminant — croyez-vous que je puisse entendre prononcer son nom sans épouvante et sans dégoût?

— Il t'aime, chère fille, et l'amour fait excuser bien des erreurs coupables... — répliqua l'aveugle — il t'aime... il se repent... tu lui pardonneras...

— Jamais!

— Alors, tout est fini pour nous, car la condition que met Placide Joubert au concours qu'il nous donnera...

— Eh bien! cette condition?

— C'est que tu épouseras son fils...

— Moi! moi! — s'écria Claire en se dressant, livide, les yeux agrandis par l'horreur, les mains crispées. — Moi, sa femme!... Non! non!... C'est impossible!... Jamais je ne deviendrai la femme de Léopold Joubert!... Jamais! jamais! jamais!

— Qui peut répondre de l'avenir, mon enfant... surtout à ton âge? — répliqua l'aveugle. — Tu détestes aujourd'hui ce jeune homme... Peut-être l'aimeras-tu demain...

— Je ne l'aimerai jamais !... — répéta Claire avec emportement. — Je ne peux pas l'aimer !... J'en aime un autre...

— Un autre !... Tu en aimes un autre !... — balbutia mademoiselle de Rhodé, stupéfaite.

— Oui, ma mère... et pardonnez-moi cet aveu qui m'est échappé malgré moi... Je n'ai pas su dominer ma terreur et garder mon secret comme j'aurais dû le faire, comme je m'étais juré de le faire... — Je sais bien qu'en vous retrouvant une nouvelle existence m'a été imposée.... — J'ai de nouvelles habitudes à prendre... de nouveaux devoirs à remplir... — J'étais une pauvre ouvrière alors, sans avenir, parfois sans pain... Je ne pouvais chercher l'amour plus haut que moi, si je voulais rester honnête fille... Je me croyais du peuple... J'ai aimé un enfant du peuple comme moi... J'ai aimé celui qui m'a sauvée des violences de Léopold Joubert au moment où mes forces s'usaient... au moment où j'allais être vaincue peut-être, et perdue... — Je l'ai aimé... Je l'aime... Je ne vous parlerai jamais de lui, ma mère, si vous voulez ; mais ne me parlez jamais du misérable dont le nom seul me fait monter le rouge au visage !...

— Ce jeune homme que tu aimes, mon enfant, comment se nomme-t-il ? — demanda l'aveugle.

— Adrien Couvreur... — répondit Claire.
— Il est pauvre ?...
— Moins pauvre que je ne l'étais, car il travaille et son travail est productif...
— Quel est son état ?
— Un état bien plus d'artiste que d'ouvrier... — Il est peintre-décorateur...
— Où est-il ?
— En ce moment à Bordeaux où il exécute des travaux pour le Grand-Théâtre, et où il se désespère sans doute de ne point recevoir de mes nouvelles...
— Son adresse à Paris ?
— Je l'ignore, aussi bien qu'il ignorait la mienne...
— Mon enfant chérie, — dit l'aveugle après un silence — que Dieu me préserve de l'avoir retrouvée pour te faire souffrir.. — Je n'ai pas le droit de briser ton cœur pour en arracher ton amour, mais j'ai le devoir de te montrer la situation telle qu'elle est, et l'avenir tel qu'il peut être. — Il y a quelques jours, ne pouvant obtenir un peu de pain, même par ton travail, tu tombais épuisée sur le seuil de l'hospice Saint-Antoine... Souviens-toi de cela...
— Je n'ai pas de fortune... Je ne possède qu'une rente viagère bien minime... Que je meure, et cette rente s'éteindra avec moi...

— Oh! ma mère, ma mère — s'écria la jeune fille — pourquoi parlez-vous de mourir?...

— Il faut tout prévoir, mon enfant, puisque tout est possible!... — Moi morte, que deviendrais-tu?... — Tu épouserais celui que tu aimes; mais, si le travail lui manquait comme il t'a manqué, vous seriez deux à souffrir, deux à végéter dans la misère noire qui conduit au cimetière ou à la prison... — Il faut songer à cela, mignonne...

— Non! non!... Je n'y veux pas songer — répliqua Claire en prenant l'aveugle dans ses bras et en coupant ses paroles par des baisers. — A quoi bon les pensées tristes, puisque je vous suis rendue, que vous ne me perdrez plus et que vous êtes heureuse?

— Je ne puis être heureuse, complètement heureuse, que si je n'ai point d'inquiétude pour ton avenir... L'idée que tu pourrais rester seule sur la terre, et sans ressources, me désole... me tue...

— Je travaillerais, mère...

— Tu as failli mourir de faim, et tu travaillais cependant...

— Mais Adrien, ma mère... Adrien...

— Il peut te manquer...et, si tu épousais le fils de Placide Joubert, la fortune ne te manquerait pas...

Claire se tordit les mains.

— Mais Dieu... mon Dieu!... Que je souffre!... — balbutia-t-elle.

— Il faut oublier le passé, mon enfant... — reprit l'aveugle... — Il faut bien que l'héritage de ton oncle t'appartienne... et alors je ne craindrai plus la mort... — Quand elle arrivera, je lui sourirai... — Placide Joubert nous apporte le salut... — Ne refusons pas d'être sauvées.

— Oh! quelle torture!... — pensait l'enfant.

— Son fils t'aime!... — continua mademoiselle de Rhodé... — Dieu commande l'indulgence et le pardon... — Oublie et pardonne des fautes dont son amour était l'unique cause... — Veux-tu donc me voir pleurer sans cesse, maintenant que je t'ai retrouvée?

— Eh bien non, ma mère, vous ne pleurerez plus! — fit Claire tout à coup avec une sorte d'entraînement farouche. — Ce n'est pas à mon bonheur que je dois penser, c'est au vôtre!... je veux que vous soyez heureuse... heureuse à tout prix!... Ma tendresse filiale est assez grande pour étouffer cet autre amour qui vous épouvante!... Mère, je n'aurai plus de volonté désormais... je m'abandonne à vous... — Ce que vous me direz de faire, je le ferai...

— Tu recevras le fils de M. Joubert?

— Oui.

— Tu consentiras à devenir sa femme?...

— Oui... je consentirai à devenir...

Claire ne put achever. — Ses sanglots, en éclatant, noyèrent les paroles sur ses lèvres.

— Ah! tu te sacrifies! tu te sacrifies! — s'écria mademoiselle de Rhodé avec désespoir — Non! non! je ne veux pas... — La misère et la mort plutôt qu'un sacrifice qui te rendrait riche et malheureuse!

Claire, par un effort violent, parvint à comprimer ses sanglots.

— Calmez-vous, mère chérie — dit-elle d'un ton presque calme. — Il faut savoir accepter un sacrifice quand la raison commande... — D'ailleurs on se console... on oublie... — Vous avez su me montrer l'avenir tel qu'il pourrait être si je m'obstinais dans ma folie... — Pour moi, comme pour vous, cet avenir me fait peur. — Je veux l'éviter à tout prix. — Je serai la femme de Léopold Joubert. — Embrassez-moi, ma mère...

Et les deux femmes tombèrent dans les bras l'une de l'autre en pleurant.

— Adrien! Adrien!... pardonnez-moi! — pensait la jeune fille. — Le bonheur de ma mère avant tout!...

XXI

Le matin même du jour où se passait rue Saint-Honoré la scène à laquelle nous venons de faire assister nos lecteurs, Adrien Couvreur avait reçu à Bordeaux la lettre de Sœur Marie.

Jamais douleur ne fut plus aiguë, plus poignante que celle du jeune homme.

Un instant son désespoir lui donna la pensée du suicide.

Mais il avait une âme vigoureusement trempée.
— Il dompta sa douleur, il imposa silence à son désespoir.

Persuadé que la lettre de la religieuse avait été, en quelque sorte, écrite sous la dictée de Claire, il se dit que la jeune fille qui, pauvre, paraissant l'aimer, devenue riche le dédaignait, ne méritait pas un regret et que, sous peine de lâcheté, il devait briser la trompeuse idole et bannir de son cœur l'image de l'enfant parjure...

Il répondit à Sœur Marie une longue lettre où le chagrin qu'il voulait cacher se montrait à chaque ligne, et il pria la bonne religieuse de garder jusqu'à son retour à Paris le dépôt qu'il lui avait confié.

Ensuite il se remit au travail.

*
* *

Claire était tombée dans un état de prostration morale absolue.

Le sacrifice de son amour, que dans un coup d'héroïque folie elle s'était imposé, avait brisé ses forces et ramené la fièvre.

L'aveugle ne pouvait s'apercevoir de rien, car la jeune fille s'efforçait de conserver à sa voix son timbre ordinaire, et seule l'altération de cette voix aurait pu trahir sa souffrance.

Ce fut la vieille Joséphine, la suppléante de Thérèse, qui remarqua le brusque changement de la jeune fille.

A la fin de la journée Claire, dont une fièvre violente brûlait le sang, prétexta un peu de fatigue pour se mettre au lit.

— Tu n'es plus malade, ma chérie ? — lui demanda l'aveugle avec sollicitude.

— Non, mère... Seulement, je suis faible encore... J'ai besoin de repos.

Joséphine prit à part Pauline de Rhodé.

— Madame — lui dit-elle — il faut que j'aille chercher le médecin.

— Le médecin ! — répéta la pauvre mère en frissonnant. — Pourquoi le médecin ?.. — Est-ce que ma fille me trompe ? Est-ce qu'elle est plus souffrante ?...

— J'en ai peur. — La fièvre est revenue et cela m'inquiète.

L'aveugle tremblait.

— Vous m'épouvantez ! — murmura-t-elle ; — Je vais auprès de mon enfant... je veux la questionner...

Elle se disposait à rentrer dans la chambre où Claire venait de se coucher.

Joséphine l'arrêta par ces mots :

— C'est bien inutile, allez, madame... — Mademoiselle ne vous dira rien, dans la crainte de vous faire de la peine... je l'ai bien vu... — C'est le médecin qu'il faut, croyez-moi...

— Eh bien ! courez le chercher... et qu'il vienne... qu'il se hâte...

— Je cours, et je le ramènerai...

Restée seule, Pauline se laissa tomber sur un siège, en proie à une indescriptible émotion.

Une pensée terrible venait de lui traverser l'esprit.

— Le sacrifice que je lui impose — se disait-elle — est au-dessus de ses forces. — Elle en pourrait mourir !...

Au bout d'une demi-heure, Joséphine revint avec le médecin qui demanda :

— Mademoiselle va-t-elle donc plus mal ?...

Sans répondre, l'aveugle prit le bras du médecin et le conduisit près du lit de Claire.

La pauvre enfant, que la fièvre mettait dans un état de vague somnolence, put à peine ouvrir les yeux.

— Ma chérie — dit mademoiselle de Rhodé — le docteur passait devant notre maison, il est monté pour te voir...

— Oui... mère... — balbutia la malade.

Le médecin interrogea l'artère.

Les pulsations se succédaient, dures et irrégulières.

Il posa sa main sur le front, qu'il trouva brûlant.

Des gouttelette de sueur perlaient sur les tempes.

— Tout va bien... — fit le docteur d'un ton dégagé — le mieux continue... je vais écrire quelques prescriptions insignifiantes.

Et il emmena mademoiselle de Rhodé hors de la chambre.

— Madame — dit-il quand la porte se fut refermée derrière eux — qu'est-il donc arrivé aujourd'hui? — Quelque chose que j'ignore a déterminé chez mademoiselle votre fille un ébranlement profond. — La fièvre est d'une violence inquiétante...

— Mon Dieu !... mon Dieu ! ! — bégaya l'aveugle — mon enfant est-elle en danger?

— Je ne dis point cela... — Ne vous effrayez pas... — Sachez seulement que notre jeune malade est d'une constitution très délicate. — Le cerveau, fatigué par de longues souffrances, n'a plus la force de réagir contre les peines morales qui pourraient l'atteindre... — il faut éviter à votre fille non seulement tous les chagrins, mais toutes les inquiétudes...

— Oui... chagrins et inquiétudes, je lui éviterai tout... — répondit vivement Pauline.

— C'est indispensable si vous voulez qu'elle vive, — reprit le médecin. — Je vais enrayer le mal, qui fait en ce moment un retour inoffensif; mais vous seule obtiendrez la guérison complète... — Point d'émotions... un calme complet... la vie paisible et douce... là est le salut pour l'avenir... — Quant au présent, je vais écrire une ordonnance...

L'ordonnance écrite, le médecin prit congé de l'aveugle. — Joséphine sortit avec lui et se rendit chez le pharmacien.

Pauline, que dévorait le remords de sa faute involontaire, vint s'asseoir silencieusement auprès du lit de sa fille, écoutant les plaintes sourdes qui s'échappaient de ses lèvres.

Joséphine revint avec les médicaments.

Leur effet ne se fit point attendre, et un peu avant minuit Claire s'endormit d'un sommeil qui dura jusqu'au matin.

Quand elle se réveilla, l'aveugle toujours assise à côté de son lit essuyait ses yeux humides.

— Mère, ne pleurez pas... — lui dit Claire en lui prenant la main qu'elle appuya contre ses lèvres, — j'ai été un peu malade, ce ne sera rien... Je serai vite guérie... soyez tranquille...

Ces paroles, et surtout le ton avec lequel elles furent prononcées, indiquaient une résignation navrée, qui serra le cœur de la pauvre mère.

— Oui, mon enfant — répondit-elle — je suis tranquille... — Tu seras vite guérie, je te le jure..

.*.

Placide Joubert, en sortant la veille de chez mademoiselle de Rhodé, n'avait pas perdu de temps.

Il s'était mis en quête de personnes suffisamment honorables pour former un conseil de famille et, leur adhésion acquise, il avait obtenu que le juge de paix de l'arrondissement fixât un jour pour la réunion de ce conseil.

Ce jour devait être le surlendemain.

Il fallait prévenir mademoiselle de Rhodé qu'elle devrait assister à la réunion.

En conséquence, l'homme d'affaires de la rue Geoffroy-Marie se rendit chez elle et se fit annoncer par Joséphine.

Outre le but que nous venons d'indiquer, sa visite en avait un autre.

Il voulait savoir si la jeune fille acceptait, sans trop de résistance, l'idée de devenir à bref délai la femme de Léopold.

Pauline vint le recevoir dans la première pièce.

Tout d'abord, la pâleur du visage de l'aveugle et l'expression de ce visage causèrent quelque inquiétude à Placide.

— Mademoiselle Jeanne-Marie serait-elle plus souffrante? — demanda-t-il.

— Ma fille est malade, oui, monsieur Joubert... — répondit mademoiselle de Rhodé — Son état s'est aggravé beaucoup depuis hier, et nous sommes cause, vous et moi, de cette aggravation...

— Vous et moi ! — répéta Joubert étonné.

— Oui, l'un et l'autre, par les projets que nous avons formés et que j'ai dû communiquer à ma fille...

— Ces projets ne sont-ils point agréés par elle ?...

— Ils la tuent !...

— Le mot est dur ! — fit Placide en se mordant les lèvres.

— Par tendresse pour moi, par dévouement, la chère mignonne avait cédé... Mais le sacrifice était au-dessus de ses forces... — Aujourd'hui seulement je comprends que, lui imposer ce mariage, c'est la fiancer à la mort !

— Mais, pourquoi, enfin ?... — Pourquoi ?

— Jeanne-Marie n'aime pas votre fils.

— En aime-t-elle un autre ?

— Oui... Mais, je vous le répète, par tendresse filiale, par dévouement, elle arrachait son amour de son cœur... Elle acceptait l'union rêvée par vous...

— Eh bien ! mademoiselle ?

— Eh bien ! le médecin m'a déclaré qu'il suffirait d'une secousse pareille à celle d'hier, pour que ma fille soit perdue sans ressource !... — J'ai retrouvé mon enfant, monsieur Joubert, je veux qu'elle vive ! — Vous devez comprendre cela, vous qui aimez tant votre fils !...

XXII

— Certes, je comprends votre tendresse maternelle, et je l'admire!... — répliqua Placide. — Mais peut-être s'exagère-t-elle l'étendue du sacrifice que nous attendons de mademoiselle Jeanne-Marie...

— Je n'exagère rien! — dit Pauline de Rhodé. — Ce sacrifice tuerait ma fille, et je ne veux pas qu'elle meure!... — Je ne le veux pas!...

— On parle de mourir et on vit très bien... surtout quand la fortune est là comme consolation... — L'héritage du comte de Rhodé fera vite oublier à mademoiselle Jeanne-Marie une illusion perdue...

— Je renonce à cet héritage.

Placide fit un bond.

— Vous y renoncez! — s'écria-t-il.

— Sans hésiter, oui, monsieur Joubert.

— Vous n'en avez pas le droit !
— Comment ! je n'en ai pas le droit ?
— Cent fois non !...
— Que serait-il arrivé, je vous prie, si je n'avais point retrouvé ma fille ?...
— La succession aurait été acquise à la ville d'Alger...
— Eh bien ! je ne réclamerai pas, et la ville d'Alger sera héritière...
— Cela ne se peut. — Votre fille est vivante, donc elle hérite. Vous n'avez point qualité pour refuser en son nom... — Vous êtes légalement tutrice, oui ; mais vous ne pouvez rien sans le conseil de famille, et comment admettrait-il une renonciation dont l'effet serait de priver votre enfant de sa fortune ?
— Mais puisque je ne peux pas payer les droits du fisc !
— Vous ne pouvez pas empêcher un autre de les payer, et de mettre ses conditions à ce payement... — Attendez, du reste, la décision du conseil de famille qui se rassemblera après-demain... ce que je venais vous annoncer... — Soyez calme et confiante... — Dites-vous bien que dans la vie tout s'arrange... — Laissez votre fille entrer en possession, grâce à moi, de la fortune qui doit assurer

votre avenir à toutes deux... — Ne parlons plus en ce moment de Léopold... de mon fils... Mademoiselle Jeanne-Marie doit avant tout retrouver ses forces et rétablir sa santé dans un calme complet... — Nous verrons plus tard...

— Quoi ! vous renonceriez à ces projets d'union qui tueraient ma fille?

— En ce moment, mademoiselle, je n'y songe plus...

— Et ce que vous m'avez offert, vous me l'offrez toujours?

— Toujours...

— Oh ! monsieur ! — s'écria l'aveugle attendrie, — quelle abnégation ! que de dévouement !

— J'ai fait profession d'abnégation et de dévouement toute ma vie, mademoiselle...

— Mais votre fils ?...

— Léopold mettra, comme moi, sa confiance en l'avenir... — Dites bien à mademoiselle Jeanne-Marie que nous resterons, lui et moi, ses plus fidèles serviteurs, comme nous sommes déjà les vôtres...

— Ah ! monsieur, vous êtes bon et généreux !... Vous me rendez l'espérance !... — Ainsi ce conseil de famille?

— Se réunira, après-demain, sous la présidence

du juge de paix, à la mairie de l'arrondissement...

— A quelle heure?

— A midi précis. — J'aurai l'honneur de venir vous prendre.

— Je serai prête, monsieur... — M'autorisez-vous à dire à ma fille que vos projets...

— De ces projets, il n'est plus question, vous pouvez le lui dire... — interrompit Joubert. — Ajoutez, je vous en prie, que mon fils et moi nous attendons tout de l'avenir, et que pour rien au monde nous ne consentirions à causer à mademoiselle Jeanne-Marie la moindre contrainte, le plus léger souci... — J'aurais voulu pouvoir le lui affirmer moi-même...

En ce moment s'ouvrit la porte de la chambre voisine et Claire, pâle, chancelante, enveloppée d'un long peignoir de laine blanche, parut sur le seuil.

— Je vous ai entendu, monsieur — fit-elle — et je vous remercie de toute mon âme...

— Ma fille!... ma fille!... — s'écria l'aveugle en se levant et en marchant, les mains étendues, vers l'endroit où venait de se faire entendre la voix de Claire.

— Ne vous inquiétez pas, mère... — dit la jeune fille. — Je vais mieux... beaucoup mieux... — Puis elle ajouta, en s'adressant à Joubert : — Attendez tout de l'avenir en effet, monsieur, vous et votre fils... — Sait-on ce que l'avenir réserve?

— Mon enfant chérie, pas de sacrifices ! — reprit vivement mademoiselle de Rhodé.

— Nous n'en accepterions aucun — répliqua Placide — ce que nous voulons, c'est votre bonheur...

— J'espère être heureuse, monsieur Joubert, — murmura la jeune fille avec un sourire indéfinissable. — Je suis un peu faible et je vous quitte; mais le souvenir de vos bontés ne s'effacera jamais de mon cœur...

Claire regagna son lit et Placide se retira.

Dès qu'il fut dans la rue l'expression de sa figure se modifia brusquement et devint très sombre.

— Que le diable emporte l'amour idiot de cette péronnelle, qui vient se jeter à la traverse de mes projets!... — dit-il entre ses dents. — A cause de cet amour stupide, l'aveugle eût renoncé pour sa fille à l'héritage!... — Renoncer!... allons donc ! — Je le veux, cet héritage, moi!... Je le veux pour mon fils, et je l'aurai, quels que soient les moyens qu'il faille employer pour l'avoir !...

*
* *

Le surlendemain, à onze heures du matin, Joubert se présentait chez Pauline de Rhodé.

— Comment va mademoiselle Jeanne-Marie? — lui demanda-t-il.

— Aussi bien que possible, malgré sa faiblesse... — répondit-elle. — La chère enfant vient de se lever... — Vous venez me prendre?

— Oui, mademoiselle.

— Je suis prête. — Partons.

Joséphine intervint.

— C'est aujourd'hui jeudi. — fit-elle — Si madame me le permet, j'irai voir Thérèse à l'hospice et lui donner des nouvelles de madame et de mademoiselle...

— Oui, je vous le permets; mais, comme ma fille va rester seule, ne soyez pas longtemps absente...

— Je ne ferai qu'aller et venir...

Joubert et l'aveugle prirent en voiture le chemin de la mairie, où les membres du conseil de famille devaient se réunir.

Joséphine entra dans la chambre de Claire.

— Mademoiselle — lui dit-elle — je vais voir Thérèse à l'hôpital... madame me l'a permis. — Je prendrai l'omnibus et je reviendrai tout de suite...

La jeune fille avait tressailli.

— Vous allez à l'hospice, Joséphine?... — balbutia-t-elle. — Voulez-vous me rendre très heureuse?

— Ah! mademoiselle, je crois bien! — Qu'est-ce qu'il faut faire pour cela?

— Demander si, depuis mon départ, on n'a pas reçu de lettres pour moi...

— Je m'acquitterai de la commission.

— Et, — reprit Claire — au cas où il en serait arrivé, savoir ce qu'elles sont devenues...

— Bien, mademoiselle...

— Et, s'il y en avait... — continua la jeune fille, en devenant très rouge.

— Je vous les apporterais... — interrompit Joséphine.

— Oui... et vous me les remettriez sans rien dire à ma mère, n'est-ce pas?

— Soyez tranquille, mademoiselle, je ne dirais rien.

Joséphine s'habilla rapidement, partit, et fit une telle diligence qu'au bout d'un peu moins de deux heures elle était de retour.

— Vous avez vu Thérèse? — lui demanda vivement Claire.

— Oui, mademoiselle.

— Comment va-t-elle?

— Aussi bien que possible... Elle espère venir, dans trois semaines, achever ici sa convalescence... — j'ai vu aussi sœur Marie...

— Ah! — s'écria la jeune fille dont le visage devint anxieux. — Vous a-t-elle dit qu'il était arrivé des lettres pour moi?

— Oui, mademoiselle, deux.

— Vous me le apportez?

— Non, mademoiselle.

— Pourquoi?

— Sœur Marie a cru devoir les renvoyer à la personne qui en était l'auteur... — Elle a écrit, en même temps, à cette personne, que vous n'étiez plus à l'hospice et que vous aviez retrouvé votre mère...

Claire couvrit son visage de ses deux mains.

— Ah! — balbutia-t-elle d'une voix tremblante. — Comme il a dû souffrir, mon Dieu!... comme il a dû souffrir, car il m'aimait... Oh! oui... il m'aimait bien!

Et elle éclata en sanglots.

Discrètement Joséphine se retira, laissant la jeune fille tout à sa douleur.

XXIII

Nous nous garderons bien de faire assister nos lecteurs à la constitution et à la séance du conseil de famille à laquelle Placide conduisait mademoiselle de Rhodé.

Il nous suffira de dire que l'homme d'affaires de la rue Geoffroy-Marie fut nommé subrogé-tuteur.

Immédiatement après, celui-ci, accompagné de l'aveugle et de deux des membres du conseil de famille, se rendit rue de Condé, chez le notaire David où se trouvait toute rédigée la procuration donnant pouvoir au notaire d'Alger de procéder à l'inventaire de la succession.

Joubert, ensuite, reconduisit chez elle mademoiselle de Rhodé.

— Tout marche à souhait... — se disait-il en

regagnant son fiacre. — Subrogé-tuteur à côté d'une tutrice privée de la vue, je suis bien puissant, et la tutrice n'est presque rien... — Si l'aveugle venait à mourir, je serais nommé tuteur à la demande de l'unanimité des membres du conseil de famille... — Je m'adjoindrais, comme subrogé-tuteur, un compère qui sans examen approuverait ce que je lui dirais d'approuver, et je serais maître absolu.

« Pour cela, que faudrait-il ?

» Tout simplement que cette aveugle encombrante allât recevoir dans un monde meilleur la récompense de ses vertus...

» Cela pourrait, en somme, arriver d'un jour à l'autre... Elle n'a jamais été très solide, cette femme-là, et de plus elle a beaucoup souffert, ce qui use... »

Bref, l'idée de la mort possible de mademoiselle de Rhodé hantait le cerveau de Placide.

— Si le hasard me délivrait de cette gêneuse, il me rendrait un fameux service !... — pensait sans cesse le misérable.

Étonnerons-nous beaucoup nos lecteurs en leur disant que bientôt il ajouta :

— Pourquoi ne pas aider le hasard ?...

Phrase qui fut à bref délai remplacée par celle-ci :

— J'aiderai le hasard...

Seulement, se débarrasser de l'aveugle n'était pas précisément chose facile.

L'infirmité de Pauline la mettait dans l'impossibilité absolue de sortir seule.

Comment, alors, l'attirer dans un piège? Comment faire d'elle la victime d'un attentat habilement combiné qui passerait pour un accident?

Un complice?

Joubert était bien trop malin pour se fier à qui que ce fût dans une circonstance aussi grave. — Tôt ou tard un complice vous trahit, volontairement ou non, et vous envoie à la guillotine.

Donc il fallait agir seul.

L'homme d'affaires de la rue Geoffroy-Marie se mit à chercher.

Or, lorsqu'il cherchait un moyen adroit de commettre quelque infamie, il était bien rare qu'il ne trouvât pas.

**

Depuis que Thérèse était entrée à l'hôpital Saint-Antoine mademoiselle de Rhodé n'avait pour ainsi dire pas suivi le régime indiqué par le grand oculiste de l'hospice des Quinze-Vingts et, l'eût-elle suivi, elle avait tant pleuré que les larmes eussent annihilé ses effets.

C'est à peine si elle songeait encore à la possibilité de recouvrer la vue.

Claire étant toujours souffrante, elle ne s'occupait et ne voulait s'occuper que d'elle.

Plus tard on prendrait un parti.

L'aveugle et sa fille semblaient être tombées tacitement d'accord pour ne prononcer jamais le nom d'Adrien Couvreur ou celui de Léopold Joubert.

Ceci n'empêchait pas Claire de penser sans cesse au jeune homme qui avait été son fiancé et qu'elle aimait encore, qu'elle aimait plus que jamais.

Malgré tout, elle persévérait dans sa volonté ferme de renoncer à lui, de se sacrifier au bonheur de sa mère; mais sa santé souffrait beaucoup de ce sacrifice dont l'accomplissement, s'il avait lieu, équivalait à son arrêt de mort.

Un matin Placide était venu faire signer à mademoiselle de Rhodé quelques pièces réclamées par le notaire.

Le médecin se présenta.

Claire se trouvait auprès de sa mère.

Placide assista donc à la visite du docteur.

Il entendit ce dernier déclarer que le succès ne répondait point à ses efforts et que, sans être précisément grave, l'état de la convalescente restait stationnaire plus qu'il n'aurait fallu.

— Mon Dieu ! mon Dieu ! s'écria Pauline — que faudrait-il donc pour remettre tout à fait mon enfant ?

— Un changement d'air serait, je le crois, très utile... — répliqua le médecin.

— Un changement d'air... — répéta vivement Placide. — Mais alors, l'air de la campagne vous paraîtrait salutaire ?...

— Certes, monsieur, et au plus haut point... — Voici les beaux jours... — Le meilleur des remèdes, le plus souverain des dictames pour mademoiselle, ce serait le soleil, la verdure, les eaux et les fleurs, dans un des sites charmants qui se trouvent aux environs de Paris... — Quelques mois de villégiature et je répondrais de tout.

Pauline de Rhodé baissait la tête avec un embarras manifeste et gardait le silence.

— Eh bien, mais — demanda Joubert d'un air ingénu — pourquoi donc ne suivrait-on pas l'ordonnance du docteur, puisque le séjour à la campagne serait utile.

— Oh ! indispensable ! — appuya le médecin.

— Pourquoi ? — fit mademoiselle de Rhodé non sans amertume — Parce qu'il existe des impossibilités matérielles... — Plus tard nous serons riches ; mais en ce moment nous sommes pauvres, et les déplacements coûtent cher.

— Ah ! mademoiselle — dit vivement Placide — vous me blessez, je vous assure ! — C'est mal, c'est très mal de parler d'un obstacle de ce genre quand je suis là ! — Ne me regardez-vous donc plus comme votre ami ? — En ma qualité de subrogé-tuteur de mademoiselle Jeanne-Marie, mon devoir est de veiller sur sa santé aussi bien que sur ses intérêts... Je n'y faillirai point !

— Mais cependant... — commença l'aveugle.

— Oh ! pas un mot de plus, je vous en prie ! — interrompit Joubert. — De quoi s'agit-il, après tout ? — De moins que rien... — De louer pour la saison une villa bien située et bien meublée, avec de bon vin dans la cave, du bois au bûcher, un jardin planté de grands arbres, et un potager en plein rapport. — Cette villa, je la connais... Elle est à ma disposition... — Vous n'aurez à vous occuper de rien que de vous installer... — Nous compterons plus tard... quand vous serez riches.

— Docteur, dites à ces dames, je vous prie, qu'il est impossible de refuser...

11.

— Ces dames savent bien que c'est mon avis... appuya le médecin.

— Eh bien ! nous acceptons... — fit mademoiselle de Rhodé.

— A la bonne heure !

— Est-ce loin de Paris, cette villa ?... — demanda le docteur.

— Non, tout près.

— De quel côté ?

— A Créteil.

Claire tressaillit.

Elle se rappelait le jour où, à Créteil, Adrien Couvreur était venu si fort à propos à son secours.

— Aux îles Sainte-Catherine, — ajouta Placide.

Claire devint pourpre.

Le souvenir de l'abominable tentative de violence de Léopold lui faisait monter le rouge de la honte au visage.

— Je connais l'endroit — fit le médecin. — Situation admirable en été, et des plus saines... — Je ne saurais trop engager ces dames à s'installer le plus tôt possible...

— Dans deux jours tout sera prêt... — dit Placide — Après-demain j'y conduirai ces dames...

— Et moi, trois fois par semaine, j'irai visiter notre jeune convalescente — reprit le médecin —

jusqu'au moment où mes visites cesseront d'être utiles, ce qui, la campagne aidant, ne tardera guère... — Mon enfant — ajouta-t-il en s'adressant à Claire — après-demain matin, je vous remettrai un médicament que vous emporterez là-bas, et dont vous prendrez quatre gouttes chaque soir, en vous couchant, si les insomnies dont vous m'avez parlé continuent... Pas plus de quatre gouttes, surtout... le sommeil serait trop lourd et se prolongerait trop.

— Bon à savoir !... — pensa Joubert. — Je vais m'occuper aujourd'hui même de la villa, mesdames, — poursuivit-il en se levant. — Demain je vous ferai prévenir de l'heure à laquelle, après-demain, je viendrai vous chercher...

Et l'homme d'affaires de la rue Geoffroy-Marie sortit avec le docteur.

— Es-tu contente, ma mignonne ? — demanda mademoiselle de Rhodé en embrassant sa fille.

— Je suis contente, mère chérie, si vous l'êtes.. — répondit Claire.

— La campagne te guérira complètement.

— Je n'en doute pas...

La jeune fille, en prononçant cette phrase affirmative, avait aux lèvres un sourire d'incrédulité.

Que pouvait la campagne contre ce mal dont elle se sentait mourir ?

Joséphine reçut l'ordre de tout préparer pour le départ.

XXIV

Joubert prit une voiture, porta chez le notaire les pièces signées par mademoiselle de Rhodé, déjeuna à la hâte et se fit conduire à la gare de Vincennes.

Une heure après, il entrait chez le marchand de vins du pont de Créteil.

— J'ai loué ma grande propriété des îles Sainte-Catherine — lui dit-il — donnez-moi les clefs.

— Voici le trousseau, monsieur Joubert.

Placide examina ce trousseau.

— Il manque une des deux clefs qui ouvrent la grille et la porte d'entrée de la maison... — fit-il ensuite.

— Elle est aux mains du jardinier.

— C'est bien. Je vais la prendre en passant.

L'homme d'affaires de la rue Geoffroy-Marie suivit, d'un pas allègre, le chemin de halage.

Arrivé à cent mètres à peu près du pont qui établit la communication entre la plaine et les îles Sainte-Catherine, Placide s'arrêta pour frapper à la porte d'une maisonnette d'apparence plus que modeste.

— Votre mari est-il ici ?... — demanda-t-il à la femme qui vint lui ouvrir.

— Non, monsieur Joubert... — Il est chez vous, aux îles.... — Il donne un coup de râteau aux allées de votre propriété.

— Bon, j'y vais.

Et Joubert continua sa route.

La propriété de l'homme d'affaires se trouvait située à une distance d'environ quatre cents mètres de la villa des Trembles, habitée par Juana, l'amie de Lucienne Bernier.

Elle occupait le point central d'un vaste jardin entouré de murailles de trois côtés et s'étendant jusqu'à la Marne.

De ce quatrième côté, aucune autre clôture que la rivière.

Une berge assez haute mais point infranchissable en défendait seule l'entrée.

Un rideau de trembles, de saules et de peupliers

couronnait cette berge dominant la Marne, très profonde à cet endroit.

Le jardinier râtissait les allées au moment où Joubert franchit la grille. — Il s'empressa de venir à la rencontre du propriétaire, qui lui annonça la location de la villa.

— On viendra habiter après-demain — ajouta Placide — il faut vous entendre avec votre femme pour que le nettoyage et la mise en ordre de l'intérieur soient complets...

— Tout sera prêt, monsieur Joubert.

— Voyons le rez-de-chaussée...

Il se composait d'un salon, d'une salle à manger, d'une cuisine et d'une chambre à coucher, pourvue d'un grand cabinet de toilette.

— C'est ici que logera l'aveugle — pensa Joubert.

Il ouvrit la fenêtre.

Elle grinçait sur ses gonds rouillés par les brouillards de l'hiver.

— Vous aurez soin d'huiler tous les gonds et toutes les serrures... — dit Placide — il faut que rien ne crie... — Vous recevrez demain des paniers de vin que vous ferez descendre à la cave... — Votre femme est bonne cuisinière... — Donnez-lui ces trois louis — il faudra qu'elle prépare un excellent déjeuner pour après-demain... — On se mettra à table à onze heures et demie...

— Vous serez content, monsieur Joubert...

— Donnez-moi la clef dont vous vous êtes servi ce matin. — Vous trouverez la pareille dans ce trousseau que je vous laisse...

— Voici cette clef, monsieur Joubert.

L'homme d'affaires la mit dans sa poche et regagna Paris.

Le surlendemain, à dix heures du matin, il se rencontrait, à la porte de la maison de mademoiselle de Rhodé, avec le médecin qui soignait Claire, et lui demandait :

— Avez-vous vu notre jeune convalescente, hier, mon cher docteur ?

— Non... — C'était inutile. — Je lui apporte, ce matin, la potion dont j'ai parlé avant-hier devant vous et qu'elle doit emporter à la campagne.

— A propos de campagne, il me vient une idée... — Êtes-vous libre pour quelques heures ?...

— Je puis me rendre libre, ne soignant pas en ce moment de malades en danger...

— Eh bien, venez déjeuner aux îles Sainte-Catherine avec nous, et vous jugerez par vos propres yeux de la bonne installation de mademoiselle

Jeanne-Marie de Rhodé, au point de vue hygiénique... — Est-ce entendu?

— C'est entendu.

Les deux hommes montèrent.

L'aveugle et sa fille les attendaient, prêtes à partir.

— Comment va notre chère malade?... — demanda le médecin.

— A peu près de même, je crois... — répondit Claire en souriant.

— Et le sommeil?

— Toujours mauvais.

— Nous y mettrons ordre... — J'apporte votre potion; je vous la remettrai aux îles Sainte-Catherine avec une note explicative.

— Allez-vous donc nous accompagner, monsieur le docteur? — fit Pauline de Rhodé.

— Oui, madame. — M. Joubert a bien voulu m'inviter à déjeuner en votre compagnie, et j'ai accepté avec le plus grand plaisir...

Les bagages, descendus par le concierge, étaient chargés sur la voiture.

On partit.

A onze heures et demie très précises, on arrivait au petit pont que la voiture ne pouvait franchir.

Joubert paya le cocher et le prévint qu'il allait envoyer chercher les bagages.

Le visage de la jeune fille, qui avait semblé s'éclairer un peu pendant le trajet, était subitement redevenu sombre.

C'est que la vue du petit pont rappelait à l'enfant des souvenirs auxquels Adrien Couvreur était mêlé.

Un frisson effleura sa chair au moment où on passait devant la villa de Juana, mais cette impression pénible se dissipa lorsqu'on franchit la grille de la propriété de Joubert.

— Ce jardin est une merveille !... — C'est un vrai parc !... Quels beaux ombrages !? — s'écria le docteur. — Ah ! chère enfant, vous guérirez vite ici, en face de ces horizons enchantés, je vous le promets ! !

— Dieu ne me permet pas de les voir, ces horizons !... — murmura l'aveugle avec un soupir.

On entra dans la maison, où le déjeuner attendait ; on se mit à table et on mangea de bon appétit le repas préparé par la femme du jardinier et servi par Joséphine.

On fit ensuite un tour dans le petit parc, puis on visita la maison, et il fut convenu que mademoiselle de Rhodé prendrait possession de la chambre du rez-de-chaussée.

Le médecin devait être de retour à Paris vers six heures. — Il se disposa donc à partir avec Joubert.

— Ma chère enfant — dit-il à Claire en lui remettant un flacon de verre bleu — voici le médicament que j'ai fait préparer pour combattre vos insomnies si elles continuent. — Vous prendrez pendant ou après le repas du soir, dans une boisson quelconque, quatre gouttes du contenu de ce flacon, mais pas plus... Vous m'entendez bien, pas plus... J'insiste là-dessus...

— C'est un narcotique? — demanda l'aveugle.

— Un narcotique mitigé, oui, madame. — Une dose trop forte amènerait un sommeil trop long.

— Monsieur le docteur — dit Claire avec un sourire — je ne forcerai pas la dose...

Placide et le médecin quittèrent les îles Sainte-Catherine.

*
**

Pendant quelques jours Léopold était resté enfermé chez lui, réfléchissant, autant du moins que son cerveau mal équilibré lui permettait de réfléchir.

La pensée de Claire s'imposait à lui sans cesse.

Claire Gervais, cette fille pauvre, cette chétive ouvrière qu'il avait aimée ou du moins désirée éperdument, qu'il aimait encore, qu'il désirait toujours ; cette fille accusée de vol, arrêtée, passant en cour d'assises, acquittée, se trouvant tout à coup une riche héritière, cette héritière précisément que son père cherchait partout pour la lui faire épouser, cela tenait du roman, de la féerie ; cela paraissait absurde, impossible, et pourtant cela était vrai...

Ce qui prouvait bien la justesse indiscutable du vieil adage:

<blockquote>Le vrai peut quelquefois n'être pas vraisemblable</blockquote>

Mais, à cette heure, Claire Gervais ne s'appelait plus Claire Gervais. — Elle avait une mère ; elle raconterait à cette mère les odieuses tentatives dont lui, Léopold Joubert, s'était rendu coupable à son égard, et Léopold Joubert se verrait repoussé avec indignation et avec mépris.

Le gommeux se répétait cela et s'inquiétait fort ; mais, d'un autre côté, il se rassurait en songeant que son père lui avait dit :

— Claire Gervais sera ta femme ; je l'ai résolu !

Or, ce qu'avait résolu Placide s'accomplissait généralement.

XXV

Depuis quelques jours, Adrien Couvreur était de retour de Bordeaux.

Sa première visite avait été pour Sœur Marie, à l'hôpital Saint-Antoine.

La religieuse fut frappée du changement survenu dans la physionomie du jeune homme depuis son départ.

Ses joues s'étaient creusées.

Un large cercle de bistre se dessinait autour de ses paupières.

Ses regards, autrefois si animés, si brillants, paraissaient ternis, presque éteints.

Il semblait littéralement l'ombre de lui-même.

— Mon cher enfant — lui dit Sœur Marie — vous venez me réclamer le dépôt que vous m'avez confié.

— Ce dépôt est sans importance, ma sœur... — répondit Adrien avec tristesse — ce n'est point cela qui m'amène... — Malgré votre lettre qui ne laissait, hélas! aucune place à l'espérance, je ne peux pas désespérer complètement... — Je viens vous demander si tout est à jamais fini pour moi... si je n'ai plus qu'à souffrir et à pleurer, en attendant l'oubli et le repos, c'est-à-dire la mort...

— Il faut élever votre âme, mon enfant, et supporter avec courage le coup qui vous frappe... — Claire, je vous l'ai écrit, a retrouvé sa mère... elle appartient à une famille de la classe la plus élevée... elle entrera prochainement en possession d'une grande fortune... ce sont là des circonstances qui élèvent entre elle et vous une barrière insurmontable...

— Insurmontable... — répéta Adrien d'une voix sourde.

— Vous devez le comprendre, mon enfant.

— Hélas! je ne le comprends que trop! Je ne suis qu'un artiste de la plus humble catégorie, presque un ouvrier ; je suis pauvre, et Claire est de famille noble. — Elle va être riche... je dois l'oublier...

Après un silence, Couvreur ajouta :

— Elle va mieux, n'est-ce pas ?

— Je le crois... — répondit la religieuse.

— N'avez-vous pas eu de ses nouvelles ?...

— Si... Mais une fois seulement.

— Elle n'a point parlé de moi avant son départ ?...

— Non, mon enfant... — Songez qu'étant tout à la joie de retrouver sa mère, il n'y avait de place pour aucune autre pensée dans son esprit et dans son cœur.

— C'est vrai... Sa mère était retrouvée... Moi, je n'existais plus...

Adrien essuya une larme qui coulait sur sa joue, reçut des mains de Sœur Marie les cinq cents francs qu'il lui avait confiés avant son départ, et quitta l'hôpital Saint-Antoine en se disant :

— Allons, tout est bien fini !... — Elle n'a pas même prononcé mon nom !... — Elle m'aimait, cependant... Je l'ai cru, du moins... — Je me trompais... — Elle s'abusait en croyant m'aimer... — Nous nous trompions tous deux !... — Pourquoi ai-je rencontré cette enfant ?... — Qu'ai-je donc fait pour tant souffrir ?

Adrien Couvreur souffrait horriblement en effet.

Des idées de suicide le hantaient, et peut-être n'aurait-il pas eu le courage de vivre si, malgré tout, une lueur d'espoir inconscient, irraisonné, n'était restée tout au fond des ténèbres de son âme, comme la goutte de clarté pâle d'une veilleuse.

Il avait repris son travail.

Chaque matin il partait de sa maisonnette des îles Sainte-Catherine ; chaque soir il y revenait, sans se douter que Claire, convalescente, se trouvait si près de lui.

Le billet de loterie que la jeune fille lui avait donné, voilà tout ce qui lui restait d'elle.

Ce billet, il l'avait fait encadrer, et parfois il passait des heures en contemplation devant le cadre qui lui rappelait tant de misère, tant de joie, tant d'amour.

Pour gagner, par le chemin de halage, la gare du chemin de fer, la route était longue.

Afin de la raccourcir en traversant la Marne, Adrien avait acheté un canot d'occasion, qui lui servait en outre à aller peindre des esquisses dans les petits bras de la rivière, le dimanche et les jours où il rentrait de bonne heure chez lui.

Ce canot était amarré dans le grand bras, près de son jardin.

L'existence du jeune peintre était bien triste, bien monotone, mais il la voulait ainsi, car rien du moins ne l'empêchait, dans sa solitude, de vivre sans cesse avec Claire par la pensée.

Son retour aux îles Sainte-Catherine n'avait suivi que de quarante-huit heures l'installation de Pauline de Rhodé et de sa fille dans la propriété de Placide Joubert.

Les jours grandissaient de plus en plus.

L'été semait avec profusion les fleurs sur les pelouses.

Les oiseaux chantaient sous la feuillée.

Tout dans la nature respirait la joie.

Claire ne partageait point cette joie universelle et restait toujours aussi triste, aussi sombre, auprès de sa mère.

Le docteur, dont les visites étaient assez fréquentes, avait dû appeler sur cet état moral l'attention de l'aveugle.

Cet état, Pauline ne le comprenait que trop !

Claire se mourait d'amour.

Mais, chaque fois que la pauvre mère voulait répandre un peu de baume sur les blessures de ce cœur saignant, et parler d'Adrien, la jeune fille répondait :

— Plus tard, mère... nous causerons de cela plus tard... — Attendons que toutes nos affaires soient terminées...

Pauline, alors, pleurait silencieusement.

Les affaires ne se terminaient pas.

Maître David ne recevait aucune nouvelle de son collègue d'Alger, chargé de l'inventaire de la fortune du feu comte. — On attendait le résultat de cet inventaire qui permettrait de fixer exactement le chiffre des droits de mutation à payer.

Joubert perfectionnait les détails du plan combiné par lui.

Il venait tous les deux jours aux îles Sainte-Catherine, soit déjeuner, soit dîner. — Pendant les heures qu'il passait auprès de la mère et de la fille, il observait, il questionnait, et de cette sorte de petite enquête, discrètement conduite, résultait pour lui la certitude que jamais l'aveugle n'imposerait à Claire l'union qu'il s'était juré de mener à bien.

— Attendre plus longtemps serait tout bonnement idiot ! — se dit-il. — L'inventaire achevé nous fixera bientôt sur l'importance de la somme à verser au fisc... — Il faut qu'à cette époque je sois tuteur et, par conséquent, seul maître de la situation... — Alors, rien ne m'empêchera plus d'imposer mes volontés !...

Le jour où, pour la vingtième fois, Placide formulait *in petto* cette pensée sinistre, il se fit conduire en voiture au pont de Charenton, renvoya son fiacre et alla se promener pédestrement sur les bords de la rivière.

Entre le pont de Charenton et le pont du chemin de fer, dans le bras où s'opère la réunion des eaux de la Marne et de la Seine, se trouvent les chantiers d'un constructeur d'embarcations en tous genres, depuis le vulgaire bateau plat jusqu'aux plus élégants canots de promenade, yoles, skiffs, périssoires, etc.

Joubert se dirigea vers ces chantiers, examina plusieurs canots et demanda au constructeur le prix de l'un d'eux, très léger et ayant déjà servi.

Ce prix, des plus modestes, fut accepté sans marchandage et payé séance tenante. — Placide se fit donner un reçu et annonça qu'il viendrait dans deux heures prendre possession du canot. — La clef du cadenas lui ayant été remise, il n'aurait qu'à détacher les avirons et à embarquer.

C'est ce qu'il fit, après avoir dîné dans un restaurant de Charenton et avoir attendu que la nuit fût venue.

Ramant alors avec une vigueur peu commune, il s'engagea dans le grand bras de la Marne.

Vers dix heures du soir, il arrivait au barrage de Créteil.

C'est là que la tâche allait devenir difficile.

Il fallait, pour que le plan combiné par lui pût recevoir son exécution, que le canot passât par dessus le barrage.

Naturellement il ne voulait point faire écluser, ce qui aurait simplifié tout... — Il tenait à ce qu'on ne pût reconnaître ni le canot, ni celui à qui il appartenait.

Donc il s'agissait de le laisser sur la berge et de le traîner à sec pendant une vingtaine de pas, afin de le remettre à l'eau au-dessus du barrage.

Joubert aborda dans l'endroit où la berge lui parut la moins haute et la plus accessible. — Il sortit de l'embarcation dont il engagea la quille sur le terrain en pente, et avec un violent effort musculaire il tira sur la chaîne.

Le canot, construit en bois de sapin, était d'un faible poids, nous l'avons déjà dit.

Il sortit à moitié de l'eau.

Le plus difficile était fait.

Dix minutes plus tard Placide était mouillé de sueur comme s'il venait de sortir de l'eau, mais l'embarcation flottait dans le bassin au-dessus du barrage.

XXVI

Joubert embarqua, reprit ses rames et gagna l'autre rive.

Le temps le favorisait.

Le ciel était noir.

De gros nuages poussés par un vent assez fort cachaient le mince croissant de la lune, dans son premier quartier.

Placide gagna le petit bras qui longe les îles Sainte-Catherine dont les berges, nous le savons, sont ombragées de saules et de trembles aux rameaux pendant jusque dans la rivière.

Il alla amarrer le canot à une branche de saule dans une sorte d'anse étroite, plaça les rames sous les bancs et sauta lestement à terre.

— Demain tout sera fini ! — murmura-t-il. — Demain je serai le maître !

Onze heures sonnaient au clocher de l'église de Créteil.

Joubert coupant à travers champs gagna le village ; puis, de là, Charenton, où il eut la chance de trouver une voiture, qui venait de conduire deux dames à Saint-Maurice et qui le ramena à Paris.

Très fatigué par ses exploits de marin d'eau douce, il se leva plus tard que d'habitude, déjeuna chez lui et partit pour les îles Saint-Catherine.

Avant de gagner la villa qu'habitaient Pauline de Rhodé et sa fille, il fit un tour sur la berge afin de s'assurer *de visu* que son canot était toujours à la même place.

Cette certitude acquise, il gagna la passerelle et pénétra dans l'île.

L'aveugle et Claire se trouvaient dans le jardin de la villa.

Claire lisait à haute voix les premières pages d'un volume pris sur les rayons de la bibliothèque.

A la vue de l'arrivant, la jeune fille interrompit sa lecture.

— Mère... — fit-elle — M. Joubert.

— Je viens passer quelques bonnes heures auprès

de vous, mesdames... — leur dit Placide en s'installant sur une chaise de jardin. — J'espère que je ne vous dérange point...

— Vous ne nous dérangez jamais, vous le savez bien, monsieur ! — répliqua Pauline. — Vous dînerez avec nous, n'est-ce pas ?

— Si vous me le permettez...

— C'est-à-dire que nous vous en prions.

A chacune de ses visites aux îles Sainte-Catherine, Joubert redoublait de prévenances auprès de l'aveugle et auprès de Claire, et il le faisait avec tant d'adresse que la jeune fille avait fini par se reprocher l'impression fâcheuse que lui causait, dans l'origine, la vue du père de Léopold.

— Le docteur est-il venu, hier ? — demanda Placide.

— Non. — Il doit venir aujourd'hui... — Il aura le plaisir de dîner avec vous.

Un quart d'heure après ces paroles échangées, le médecin arrivait et se déclarait satisfait de l'état de sa convalescente.

La journée, pendant ses deux premiers tiers, avait été fort belle, quoique très chaude.

Vers le soir le temps se couvrit brusquement, l'atmosphère devint lourde, de grands éclairs incendièrent le ciel à l'horizon ; bref, tout parut annoncer que la nuit ne se passerait pas sans un violent orage.

On avança l'heure du dîner pour que Joubert et le docteur pussent partir sans avoir trop de chances d'être mouillés en gagnant le chemin de fer.

Claire semblait beaucoup plus nerveuse, beaucoup plus agitée que de coutume.

— Docteur — fit-elle en essuyant son front humide de sueur — voilà une mauvaise nuit qui se prépare pour moi.

— Nous prendrons nos précautions, ma chère enfant, — répondit le médecin. — Avant de partir je vous verserai moi-même une forte dose de la potion calmante dont vous avez éprouvé déjà les bons effets.

Joubert avait paru fort enchanté de se trouver à la villa en même temps que le docteur.

En réalité, il maudissait de toutes ses forces la présence inopportune de celui-ci aux îles Sainte-Catherine mais, complètement maître de lui-même, il cachait sous des sourires sa contrariété.

A six heures précises on se mit à table.

La chaleur devenait de plus en plus suffocante ; — l'agitation de Claire redoublait.

— Voulez-vous — dit le médecin à Joséphine —

me donner la potion préparée pour mademoiselle Jeanne-Marie ?

Joséphine alla chercher le flacon, encore aux trois quarts plein, qui se trouvait sur l'un des buffets de la salle à manger et l'apporta au médecin.

Joubert avait tressailli.

Une lueur s'alluma dans ses prunelles.

Il cessait brusquement de trouver gênante la présence du docteur.

Celui-ci remplit à moitié de vin de Bordeaux le verre de la jeune fille, puis, débouchant le flacon, laissa tomber dans ce vin six gouttes environ de son contenu, en disant :

— Il ne faudrait point, mademoiselle, vous habituer à cette dose... — Elle deviendrait promptement, sinon dangereuse, du moins nuisible... — Pour une seule fois c'est sans inconvénient, et je vous garantis que, cette nuit, vous dormirez sans entendre l'orage... — Le tonnerre lui-même, s'il tombait dans le jardin, ne vous réveillerait pas...

— Dois-je boire tout de suite, docteur ?

— Non... — au milieu du repas...

La jeune fille posa son verre à côté d'elle.

Joubert avait versé à chaque convive une quantité de vin égale à celle que contenait le verre de Jeanne-Marie.

Celle-ci se trouvait entre sa mère et Placide, — l'homme d'affaires à sa droite, Pauline à sa gauche.

— Docteur — demanda Joubert — cette potion est-elle agréable ou désagréable à boire ?

— Ni l'un ni l'autre, — Elle est neutre, et ne change en rien le goût du breuvage auquel elle est mêlée.

Joséphine avait apporté un second verre à la jeune fille, qui ne devait absorber le contenu du premier qu'au milieu du repas.

Dans ce verre Placide versa la même quantité de vin que dans les autres.

Il ne s'agissait plus désormais pour lui que de mener à bien un tour d'escamotage, très facile à exécuter en somme, puisqu'il avait affaire à une aveugle et à deux convives sans la moindre défiance.

Après le potage l'homme d'affaires, semblant obéir à une de ses habitudes vulgaires de petit bourgeois sans usage du monde, éleva son verre et dit :

— Docteur, à la santé de notre chère convalescente ! A son bonheur ! à celui de sa mère bien-aimée !... faites-moi raison !

— Ah ! pardieu ! de grand cœur !

Le médecin avança le bras pour trinquer à travers la table avec Placide.

Celui-ci, se penchant un peu, sa chaise glissa, son verre s'échappa de sa main et tomba sur la nappe, où il se brisa et qu'il inonda de vin répandu.

Claire se recula vivement pour préserver son peignoir blanc de toute tâche.

Elle était devenue pâle.

— Suis-je assez maladroit ! — s'écria Placide — Je ne sais en vérité comment m'excuser ! Je meurs de honte !

Et il souleva les verres de Pauline de Rhodé et de Claire, tandis que Joséphine venait éponger la la nappe et placer une serviette sur les traces du vin répandu.

Quand ce fut achevé il replaça les verres, mais en posant devant l'aveugle celui de sa fille.

Personnes ne s'aperçut de cette substitution.

— Un verre brisé en buvant à la santé de ma mère et à la mienne ! ! — balbutia Claire avec un soupir. — C'est de bien mauvais augure, monsieur Joubert ! !

— Seriez-vous superstitieuse, ma chère enfant ? — lui demanda le médecin.

— Je ne le crois pas... — répondit-elle — mais je suis nerveuse et ce verre brisé m'a fait peur...

— Peur, ma chérie ! — répéta l'aveugle. — C'est insensé !... — Rien ne nous menace !... — Que pourrions-nous craindre ?

— Rien, c'est vrai... — fit la jeune fille. — Je sais bien que j'ai tort, mais un pressentiment ne raisonne pas...

— Il faut le chasser !

— J'essaie.

— Il faut réussir !...

Le dîner continua.

A table on était obligé de servir l'aveugle, de découper ses aliments, de lui mettre dans les mains les menus objets dont elle avait besoin.

Claire s'occupait avec une tendre sollicitude de ces petits soins.

— Mignonne — lui dit Pauline — donne-moi mon verre...

— Mère, le voici.

L'aveugle l'approcha de ses lèvres et le vida d'un seul trait.

Pour la seconde fois une flamme s'alluma dans es prunelles de Joubert.

XXVII

Le ciel était de plus en plus noir.

Les éclairs et les grondements sourds du tonnerre se succédaient sans interruption, mais au lointain, dans les profondeurs de l'horizon.

— Il suffirait d'une saute de vent pour que l'orage arrivât d'un instant à l'autre... — dit le médecin; — profitons du répit qui nous est accordé, monsieur Joubert... ne nous attardons pas...

— Je suis entièrement de votre avis... — répliqua l'homme d'affaires; — Ces dames nous excuseront... — Joséphine, fermez bien vos portes derrière nous...

— Soyez tranquille, monsieur Joubert... tout sera bien fermé...

Les deux hommes partirent vers sept heures et

demie, arrivèrent sans encombre à la gare, prirent le train, descendirent ensemble à Paris et ne se séparèrent qu'aux environs de la place de la Bastille.

Ce retour avec le docteur constituait pour Placide un commencement d'*alibi*.

Afin de continuer et de corser cet *alibi*, il se rendit dans plusieurs maisons où il avait des affaires pendantes et, en rentrant rue Geoffroy-Marie, il eut soin de parler à son concierge.

Enfermé dans sa chambre il fit subir à son costume et à son visage une transformation complète qui le rendit méconnaissable, puis il sortit de l'appartement et se glissa hors de la maison, sans avoir été vu ou du moins remarqué.

Dix heures du soir sonnaient en ce moment.

Un fiacre conduisit Placide à la gare de Vincennes, où il prit une place de seconde classe pour Brie-Comte-Robert.

Quelques instants après le train l'emportait, mais, au lieu d'aller jusqu'à Brie, il descendit à La Varenne-Saint-Hilaire, où le receveur des tickets ne s'aperçut même pas que le voyageur quittait le train avant d'être arrivé à destination.

Rapidement il gagna le pont de Chennevières et le traversa.

Appuyant alors à droite, il suivit d'un bon pas le cours sinueux de la Marne.

Ce chemin le conduisit à l'endroit où il avait amarré le canot acheté la veille.

* *

Le soir même où se passaient les faits que nous racontons à nos lecteurs, il y avait au théâtre de la Porte-Saint-Martin répétition pour régler l'éclairage et la plantation des décors d'une grande pièce nouvelle, dont la première représentation était imminente.

Trois de ces décors sortaient de l'atelier où travaillait Adrien Couvreur.

Le patron du jeune homme devait, en conséquence, se trouver au théâtre pour s'entendre avec le chef machiniste, le directeur et le metteur en scène.

La présence d'un de ses peintres lui étant indispensable, il avait pris avec lui Adrien Couvreur qu'il regardait comme le plus capable de tous.

Ce fut seulement vers minuit qu'Adrien se trouva libre.

Ayant abandonné complètement la rue Malher, depuis son retour de Bordeaux, il lui fallait coucher dans un hôtel ou retourner aux îles Sainte-Catherine.

Il prit ce dernier parti.

Pour gagner Saint-Maur, où il descendait ordinairement afin d'aller rejoindre son canot qui l'attendait près du chemin de halage de la Pie, il ne restait à Adrien que le train dit : *train des théâtres*, partant de Paris à minuit quarante-cinq minutes.

Il ne serait donc rendu chez lui que vers deux heures et demie du matin.

Quelques larges gouttes d'une pluie chaude commençaient à tomber sur le sol brûlant.

Le vent s'élevait, faisant courir les nuages cuivrés sur le ciel noir, comme des escadrons débandés.

Les éclairs ne précédaient que bien peu les roulements du tonnerre.

Bref, l'orage se rapprochait rapidement.

Il choisit pour éclater le moment précis où le jeune peintre mettait le pied à terre à Saint-Maur.

Le vent se mit à souffler en foudre, cassant les branches des arbres, faisant battre les volets mal clos et grincer les girouettes sur leurs axes rouillés.

Adrien se servit de son mouchoir de poche comme d'une sorte de fanchon destinée à maintenir sur sa tête le chapeau de feutre mou qu'un tourbillon de vent pouvait emporter à tous les diables et prit sa course afin de gagner son canot.

*
* *

A la villa qu'habitait Pauline de Rhodé et Claire, tout était silencieux.

La mère et la fille dormaient profondément.

L'aveugle, engourdie par le breuvage soporifique destiné à Claire par le docteur, avait été obligée de se mettre au lit plus tôt que de coutume, et l'enfant, succombant à la fatigue, s'était endormie malgré l'énervement causé par l'orage.

Il était à peu près une heure du matin lorsque Placide atteignit l'endroit où son embarcation était attachée.

— Trop tôt pour agir! — murmura-t-il en se blotissant sous un saule, — Que m'importe l'orage qui vient? — Au lieu de me gêner, il me servira...

Et il se mit à attendre avec patience, écoutant les roulements du tonnerre de plus en plus rapprochés.

Le vent d'ouest lui apporta l'heure sonnant à l'église de Créteil.

Il compta deux coups.

Détachant alors son bateau, il gagna la berge des îles Sainte-Catherine où il débarqua ; il suivit le chemin de contour et, arrivé en face d'une partie boisée, il s'y engagea.

En peu d'instants il eut gagné la rive du grand bras.

Il se trouvait sur la lisière de sa propriété, dans laquelle il pénétra en passant au travers des touffes d'arbustes.

Autour de lui les rafales de vent tordaient les peupliers et les saules.

Placide s'avança du côté de la villa dont toutes les fenêtres étaient sombres. Il se dirigea vers la porte du couloir donnant sur le jardin et tira de sa poche une clef, qu'il introduisit dans la serrure.

Le pêne, bien huilé, tourna sans bruit.

La porte s'ouvrit.

Joubert entra, retira la clef dont il venait de se servir, et par le couloir arriva jusqu'à la chambre de l'aveugle. — La porte, n'étant point fermée à clef, céda sous la plus légère pression.

Il franchit le seuil.

Un grand éclair embrasant le ciel lui montra Pauline endormie d'un sommeil si lourd qu'il ressemblait à de la catalepsie.

L'un de ses bras pendait hors du lit.

Placide le toucha et le trouva glacé — Il souleva la main inerte et la laissa retomber sans que l'aveugle fît un mouvement.

Saisissant alors mademoiselle de Rhodé dans ses longs bras nerveux de gorille, le misérable la chargea sur son épaule et s'élança au dehors, laissant derrière lui toutes les portes ouvertes.

Arrivé au milieu du petit parc, il fut obligé de faire halte un instant.

La respiration lui manquait.

En ce moment la tempête atteignait son maximum d'intensité.

La pluie tombait comme si toutes les cataractes du ciel venaient de s'ouvrir.

Joubert reprit sa course et ne s'arrêta plus qu'au sommet de la berge.

Là, il laissa rouler sur la terre détrempée du talus le corps de l'aveugle, et le bruit de ce corps, s'abîmant dans l'eau profonde qu'il fit jaillir autour de lui, l'empêcha d'entendre un bruit d'une nature toute différente produit par les battements cadencés de deux avirons.

Un coup de tonnerre effroyable l'assourdit, un éclair éblouissant l'aveugla.

Tournant sur lui-même il se remit à courir, sortit du jardin en traversant les touffes d'arbustes comme il l'avait fait pour y entrer, et regagna son embarcation.

Cinq minutes après il ramait avec une incroyable vigueur, sous la pluie battante, pour remonter la Marne jusqu'à Chennevières.

Là, il aborda, amarra, son canot au milieu d'une dizaine d'autres barques et sauta sur la rive.

Mais il était complètement à bout de forces et il s'abattit, haletant, anéanti, presque sans connaissance.

Ce demi-évanouissement dura plus d'une demi-heure.

Lorsque Joubert reprit possession de lui-même, l'aube blanchissait à l'horizon, le ciel était redevenu pur, l'orage avait cessé.

L'assassin se releva et se dirigea vers Joinville-le-Pont, où il arriva au moment où le premier train montant vers Paris allait passer.

A six heures il descendait à la gare de la place de la Bastille et prenait une voiture ; — à sept heures moins un quart il rentrait chez lui, buvait un grand verre de rhum, se mettait au lit et s'endormait d'un sommeil de plomb.

XXVIII

L'unique servante de Placide avait pour consigne de ne jamais entrer dans la chambre de son maître avant d'y être appelée par un coup de sonnette.

A dix heures l'homme d'affaires se réveilla, s'habilla rapidement, jeta au fond d'un placard dont il prit la clef ses vêtements mouillés et couverts de boue, passa dans son cabinet, lut ses lettres, parmi lesquelles s'en trouvait une du notaire David le priant de passer rue de Condé le plus tôt possible.

Il se rendit sans le moindre retard à cet appel, et le notaire lui communiqua une missive fort intéressante de son collègue d'Alger.

L'inventaire de la succession était terminé.

Cette succession montait, non pas à deux millions et demi, comme on l'avait cru, mais à trois millions cinq cent mille francs.

Il fallait verser au fisc une somme de quatre cent vingt-deux mille francs.

— Cher maître — dit Placide au notaire, — je déposerai cette somme en vos mains le jour où se signera, dans votre étude, le contrat de mariage de mon fils Léopold avec mademoiselle Jeanne-Marie de Rhodé...

— Ah ! ah !... — fit le notaire avec un sourire. — Je comprends !... C'est bien joué !...

— Veuillez, cher maître, préparer ce contrat... en voici les clauses et conditions — ajouta l'homme d'affaires en tirant de son portefeuille un papier chargé d'écriture... — Quand vous aurez rédigé la minute, faites-moi signe et nous causerons de la rédaction définitive...

Joubert quitta maître David, déjeuna et, bien décidé à payer d'audace, se fit conduire aux îles Sainte-Catherine.

Depuis le matin Claire et Joséphine étaient dans un état d'agitation et d'angoisse facile à comprendre.

Joséphine, en pénétrant à l'heure habituelle dans la chambre de Pauline de Rhodé, avait trouvé cette chambre vide, le lit défait et toutes les portes ouvertes.

Tout d'abord, elle ne s'inquiéta point outre mesure, croyant que l'aveugle, qui se guidait assez bien seule, s'était levée de bonne heure et rendue dans le jardin.

Elle sortit, chercha, appela, mais en vain.

Le jardin était vide comme la chambre.

Rentrant alors, Joséphine s'aperçut avec épouvante que les vêtements de mademoiselle de Rhodé se trouvaient encore à la place où elle-même les avait déposés la veille au soir.

Ceci ne pouvait s'expliquer que par quelque événement inconnu et à coup sûr terrible.

La servante courut éveiller la jeune fille afin de la prévenir de la disparition de sa mère.

Claire, glacée d'épouvante, s'habilla en toute hâte et descendit.

Une effroyable angoisse lui serrait le cœur.

Suivie de Joséphine elle recommença les recherches déjà faites, et ces recherches les conduisirent l'une et l'autre jusqu'aux bords de la Marne.

Tout à coup, Claire poussa un cri terrible.

Un morceau d'étoffe blanche, un lambeau de peignoir de nuit, venait de lui apparaître, accroché aux épines d'un buisson qui surplombait la Marne.

— Là! là! — fit-elle en désignant le lambeau d'étoffe.

Joséphine se pencha, le décrocha et le lui tendit.

Le tissu offrait, brodées en rouge, les initiales de Pauline de Rhodé.

Claire vit cette marque.

Un soupir déchirant s'échappa de sa gorge.

— Ah! malheureuse! malheureuse que je suis! — balbutia-t-elle. — Ma mère s'est noyée! ma mère est morte!

Et, affolée, sanglotant, les cheveux épars sur ses épaules, elle courut tout le long de la rive, interrogeant du regard les eaux troublées par l'orage de la nuit précédente...

La Marne garda son secret.

— Il faut prévenir, mademoiselle... — dit Joséphine terrifiée.

— Qui?

— M. Joubert.

— Oui... vous avez raison... Courez au télégraphe... que M. Joubert arrive... je n'ai d'espoir qu'en lui...

— Si je prévenais en même temps la gendarmerie?

— Non... non... — Que M. Joubert vienne d'abord... il saura bien vous dire ce qu'il y a à faire...

Joséphine courut jusqu'au bureau télégraphique de Créteil et fit passer à Placide cette dépêche :

« *Malheur arrivé...* — *Venez vite.*

» Jeanne-Marie de Rhodé. »

Le télégramme était remis rue Geoffroy-Marie, cinq minutes après le départ de l'homme d'affaires pour la rue de Condé, ce qui ne devait pas l'empêcher, nous le savons, de se rendre aux îles Sainte-Catherine.

Sur la route Joséphine, croyant la dépêche reçue, guettait son arrivée.

Dès qu'elle le vit paraître elle courut à sa rencontre avec effarement :

— Ah! monsieur, monsieur!... — s'écria-t-elle... Venez vite! — Quelle effroyable catastrophe!...

— Que se passe-t-il donc? — demanda Placide, jouant avec son talent habituel la surprise et l'inquiétude.

— Mademoiselle de Rhodé...

— Mademoiselle Jeanne-Marie? — interrompit Joubert.

— Non, l'aveugle...

— Eh bien?...

— Elle est morte!

— Morte! Allons donc! C'est impossible

— Hélas! ce n'est que trop vrai...

— Morte! — Comment?

— Disparue... tombée à la rivière... noyée...

Joubert joua l'épouvante.

— Ce serait affreux! — répliqua-t-il. — Mais, encore une fois, c'est impossible !...

— Ce qui est impossible, monsieur, c'est d'expliquer autrement la disparition de mademoiselle...

— Si elle n'est pas noyée, où est-elle ?...

— Que s'est-il donc passé ?...

— Voilà tout ce qu'on sait...

Et, se dirigeant vers la villa, Joséphine raconta qu'elle avait trouvé la chambre vide et décroché des épines d'un buisson un morceau du peignoir blanc de l'aveugle.

Claire attendait sur le perron.

Elle se jeta, en sanglotant, dans les bras de l'homme d'affaires.

— Mon enfant... ma pauvre enfant !... — balbutia celui-ci d'une voix tremblante, et ses yeux parurent se remplir de larmes. — Quel horrible malheur!

— Que vais-je devenir sans ma pauvre mère ?...

— Est-ce que je ne vous reste pas, moi?...

— Oh! mon Dieu! mon Dieu!... — Ma mère est morte !... je veux la rejoindre !...

— Voyons... voyons, du calme, mon enfant! — il vous en faut autant que du courage! — A-t-on prévenu la gendarmerie et ordonné des recherches pour retrouver le corps?

— Non, monsieur... — dit Joséphine.

— Pourquoi?

— Nous vous attendions...

— Eh bien, ce qu'on n'a pas fait, il faut le faire... — Rien de plus facile que de reconstituer les événements de cette nuit... — La pauvre aveugle aura voulu se lever et sortir... S'orientant mal dans le jardin, elle aura glissé sur la terre détrempée, du haut de la berge dans la Marne!... — Oh! la pauvre femme!...

» Je vais à l'instant même à Créteil, prévenir les autorités... — Il faut qu'on retrouve le corps... — Je cours et je reviens...

Joubert se dirigea rapidement vers la porte du salon, où il se trouvait avec Claire et Joséphine.

Soudain, il poussa une exclamation de stupeur.

Cette porte venait de s'ouvrir et Pauline de Rhodé, enveloppée dans une ample robe de chambre, apparaissait sur le seuil.

Adrien Couvreur la soutenait.

— Vivante! — s'écrièrent à la fois Claire et Joséphine.

Et Claire s'élança vers l'aveugle.

— Mon enfant!... mon enfant bien aimée! — bégaya Pauline, en pressant dans ses bras la jeune fille qui répétait :

— Vivante! ma mère!... vivante! sauvée!

— Par ce brave cœur! — dit mademoiselle de Rhodé en désignant du geste Couvreur qui se tenait à côté d'elle, mais un peu en arrière.

Claire se dégagea des bras de sa mère pour voir celui que, dans son émotion du premier moment, elle n'avait point aperçu, pas plus que le décorateur ne l'avait regardée.

Alors, retentit ce double cri :

— Adrien!...

— Claire!...

Et les jeunes gens, cédant à un entraînement irrésistible, tombèrent dans les bras l'un de l'autre.

XXIX

Joubert, lui aussi, reconnaissait Adrien Couvreur auquel il avait vendu la maisonnette des îles Sainte-Catherine, et l'élan de Claire venait de le lui désigner comme étant l'homme qu'elle aimait.

— Voilà le danger ! — murmura-t-il.

En entendant le double cri des deux jeunes gens, l'aveugle avait tressailli de tout son corps.

— Mon sauveur se nomme Adrien, et vous vous connaissez ? — demanda-t-elle d'une voix tremblante d'émotion.

— Oui, mère chérie — répondit Claire avec un élan de passion irrésistible, — nous nous connaissons et nous nous aimons... — Celui qui vous a sauvée m'avait sauvée déjà, moi aussi...

— Lui! — reprit Pauline de Rhodé — C'était lui! Ah! c'est la Providence qui veut cela, mignonne... — Monsieur Joubert, — ajouta-t-elle, — voilà l'homme qu'aime mon enfant!... Je lui dois la vie... vous comprenez que je ne puis lui refuser ma fille...

Placide abaissa ses paupières flasques sur ses yeux ronds pour en voiler l'éclair haineux.

Un sourire d'une étrange expression vint à ses lèvres.

— Vous êtes un sauveur, monsieur! — dit-il — A ce titre tout vous est dû!... — Qu'était-il donc arrivé à madame, et par quel miracle avez-vous pu l'arracher au péril?...

— J'habite la maison que je vous ai achetée, monsieur... — répliqua Couvreur — J'ai un canot amarré de l'autre côté de la Marne pour m'éviter d'aller chercher le pont... Je revenais de Paris la nuit dernière. — J'avais pris le dernier train et je me hâtais sous l'orage... Une fois dans mon embarcation, et luttant non sans peine contre le vent qui soufflait en foudre, je traversais la rivière et j'approchais de ce côté de l'île, quand la lueur d'un éclair me fit entrevoir une forme blanche sur la crête de la berge, puis cette forme blanche glissa le long du talus, s'engloutit dans l'eau profonde avec un bruit sinistre, à quelques mètres de moi, et reparut en se débattant...

» Je fis force de rames, je rejoignis ce corps que le courant emportait, je le saisis au passage et je le hissai dans mon bateau...

» C'était madame, noyée à demi... suffoquant, et qui, une fois hors de l'eau, perdit complètement connaissance.

» Je me hâtai de gagner mon débarcadère et je portai chez moi madame, dont l'évanouissement se prolongea pendant de longues heures malgré tous mes efforts pour le combattre...

» Enfin, elle revint à elle... — Ses lèvres s'entr'ouvrirent... — Elle se souleva et je m'aperçus que ses yeux étaient privés de la vue, ce qui me fit comprendre à l'instant même l'accident.

» Je questionnai madame... — Elle me répondit qu'il lui semblait avoir fait un rêve... Elle ne se souvenait pas d'être sortie de chez elle et ignorait de quelle façon elle était tombée à l'eau... Un accès de somnambulisme sans doute... — Sachant qu'elle habitait une villa dans l'île, je l'ai vêtue comme je le pouvais et je l'ai amenée ici... Voilà tout... Vous voyez que c'est bien simple... — Maintenant ma tâche est terminée... je me retire...

— Adrien !... Adrien !... — murmura Claire.

— Mon enfant!... — dit l'aveugle.

Joubert prit la parole.

— Monsieur Couvreur — fit-il — comme ami de madame Pauline de Rhodé, comme subrogé tuteur de sa fille, je dois vous remercier de votre dévouement, et je le fais avec une profonde reconnaissance... — Nous nous reverrons, monsieur Couvreur, mais pas avant que le conseil de famille de mademoiselle Jeanne-Marie de Rhodé ait statué au sujet des intentions nouvelles manifestées par madame de Rhodé, et relatives à l'avenir de sa fille...

— Est-il donc besoin de l'avis d'un conseil de famille pour que je puisse disposer de la main de mon enfant? — demanda l'aveugle.

— Cela est indispensable. — La loi le veut ainsi.

Adrien Couvreur intervint.

— Je regrette vivement — dit-il — que ma présence ait fait naître une semblable discussion... — Je sais que la différence des castes et des fortunes creuse un abîme entre mademoiselle Claire et moi... Je me retire... heureux... oh! bien heureux! d'avoir pu lui conserver sa mère...

— Et moi, monsieur, je vous prie de rester — répliqua vivement Pauline.

— Oui, restez, Adrien, il le faut... — ajouta

Claire, — j'ai à vous parler, et M. Joubert, mon subrogé tuteur, voudra bien me le permettre...

— Avant tout, mon enfant, — dit Placide d'un ton patelin, — je dois vous faire connaître les nouvelles arrivées, hier, d'Alger...

— Ces nouvelles, M. Adrien ne peut-il les entendre ?

— Je désire, au contraire, qu'il les entende...

— Mais, monsieur... — fit le jeune homme avec embarras.

— Ce sera très utile, monsieur Couvreur... Vous devez être mis au courant de la situation... — Veuillez vous asseoir... — Ma communication, d'ailleurs, sera courte. — Voici une lettre adressée à maître David par le notaire d'Alger. — L'inventaire est terminé. — Les valeurs de la succession représentent un chiffre plus élevé qu'on ne l'avait supposé d'abord. — Ce chiffre majestueux est de *trois millions cinq cent vingt-sept mille francs !*

Adrien fit un geste de stupeur.

Cette fortune, relativement énorme, rendait encore plus profond qu'il ne l'avait cru l'abîme creusé entre lui et Claire. — Cet abîme devenait infranchissable !...

Placide continua :

— Les droits à payer au fisc augmentent naturellement dans la même proportion que l'héritage lui-même. — Ils s'élèvent à *quatre cent vingt-deux mille francs*, somme qu'il est impossible de prélever sur les capitaux de la succession, la légataire universelle (je vous l'ai expliqué déjà) — ne pouvant *faire emploi*...

« Si cette somme de quatre cent vingt-deux mille francs n'est pas payée dans un délai, maintenant très court, c'est la ville d'Alger qui, aux termes du testament du feu comte de Rhodé, sera mise en possession de l'héritage...

» J'ai offert d'avancer l'argent indispensable pour acquitter les droits de mutation, et seul je puis le faire — je l'offre encore, mais vous savez à quelles conditions...

» Voilà, monsieur Couvreur, ce que je suis enchanté d'avoir expliqué en votre présence... — Rien ne vous empêche plus, maintenant, d'avoir avec mademoiselle Jeanne-Marie de Rhodé l'entretien qu'elle désire.

L'aveugle avait laissé tomber sa tête sur sa poitrine.

— Il faut aller vous reposer, ma mère — lui dit la jeune fille.

— Oui, mon enfant, j'y vais, car je me sens très faible... très brisée... il me semble qu'un irrésistible engourdissement s'empare de moi...

Joubert et Joséphine conduisirent Pauline dans sa chambre.

Claire et Adrien restèrent seuls.

Pendant un instant ils furent muets.

La jeune fille rompit le silence.

— Votre main, mon ami... — fit-elle.

Adrien mit sa main dans celle que lui tendait Claire.

— Oh! j'ai bien compris... — murmura-t-il ensuite. — Ce que vous allez me dire, je le sais...

— Hélas! il ne s'agit pas de moi... — répliqua l'enfant. — Que m'importe, à moi, la fortune? — Quand je vous ai aimé, j'étais pauvre, et aujourd'hui je vous aime encore, malgré les millions qui m'arrivent et que, Dieu le sait, je ne désirais guère... — Mon cœur n'a point changé, je vous le jure; mais j'ai une mère, une mère que je chéris et qui, après m'avoir pleurée si longtemps, ne vit à présent que pour moi...

» Lutter contre mon subrogé tuteur et contre mon conseil de famille est impossible, puisque je n'ai que seize ans et que ces gens-là ont la loi pour eux... l'unique résultat d'une lutte sera la perte de la fortune, par conséquent les privations, la gêne, non pour moi, que m'importerait, à moi? mais pour ma mère...

» Quatre cent vingt-deux mille francs sont indispensables pour que nous ne perdions pas l'héritage du comte de Rhodé!... — Cet héritage sera le bonheur de ma mère, et je veux que ma mère soit heureuse...

» Ah! mon ami, je souffre beaucoup, allez!... mon cœur se brise! — Je vous en prie, je vous en supplie, ne me maudissez pas! — Je vous aime! je ne vous oublierai jamais!... je serai martyre... Pardonnez-moi et tâchez de m'oublier. »

Claire plongea son visage dans ses mains pour cacher ses larmes.

— Quatre cent vingt-deux mille francs et vous seriez à moi!... — fit Adrien d'une voix sourde, avec une indicible amertume — et vous n'épouseriez point l'homme qu'on vous impose!... Car on vous impose quelqu'un, je ne le comprends que trop!... — Et je ne les ai pas! Je suis pauvre! — La pauvreté, quelquefois, c'est horrible!... Claire, je vous admire et je vous pardonne! — Vous avez raison... La tendresse filiale vous commande de sacrifier tout à votre mère, même votre cœur!... — Adieu, Claire, adieu!... — Je vous adore, et je ne vous reverrai jamais ! — Heureusement, je souffre trop pour vivre longtemps !

Et le jeune homme, étouffant ses sanglots, s'élança au dehors.

XXX

Claire, prise d'une sorte d'affolement, regardait Adrien s'éloigner.

Il lui semblait sentir quelque chose se briser en elle.

Au bout de deux ou trois minutes, l'héroïque enfant se raidit contre la douleur qui l'écrasait et se rendit dans la chambre de sa mère.

Pauline de Rhodé, un peu remise, était étendue sur une chaise-longue.

Elle tendit les bras à sa fille, qui s'y jeta avec effusion.

Après cet échange de caresses, Claire se tourna vers Placide.

— Monsieur Joubert, — lui dit-elle, — viendrez-vous ici, demain ?

— Certes, mademoiselle, si madame votre mère m'y autorise.

— Eh bien! amenez avec vous, je vous prie, M. Léopold... Je voudrais le voir...

— Il sera bien heureux, mademoiselle! — s'écria-t-il.

— Jeanne-Marie... mon enfant... — fit Pauline de Rhodé.

— Pourquoi cette surprise, ma mère? — interrompit la jeune fille. Ne faut-il pas que vous connaissiez celui qui va devenir mon mari...

Et, comme l'aveugle allait répliquer, Claire ajouta vivement :

— Oui, mon mari !... — Ma résolution est prise... — Je commence à devenir raisonnable... Je comprends qu'une grande fortune est le premier de tous les éléments de bonheur et, lorsque nous serons mariés, M. Léopold et moi, nous serons très riches... par conséquent très heureux... — Mon cher tuteur, quand signerons-nous le contrat de mariage ?

— Fixez le jour vous-même, ma chère enfant...

— Dans huit jours, alors?

— Dans huit jours, soit.

— Ici?

— Oui. — J'amènerai quelques amis, qui seront

fiers de vous complimenter et de signer au contrat.

— Ma fille chérie — dit l'aveugle — jure-moi que tu ne te fais pas violence en consentant à ce mariage...

— Mère, je vous le jure !...

Et, de nouveau, Claire embrassa l'aveugle.

Joubert, radieux, quitta les îles Sainte-Catherine.

Tout lui réussissait, et il n'avait en somme sur la conscience que l'intention d'un crime, puisque Pauline était vivante...

En arrivant à Paris il alla droit chez son fils qu'il trouva fort maussade, en train de se tirer les cartes pour tuer le temps.

— Que fais-tu là ? — lui demanda Placide.

— Je m'ennuie, papa, comme une croûte de pain derrière une malle.

— Bientôt tu ne t'ennuieras plus !

— Il y a donc du nouveau, papa ?

— Oui.

— Ma future ?

— Elle t'attend... — Demain, je te conduis chez sa mère pour la présentation officielle.

— Bravo, papa !... — A quand la signature du contrat ?

— A huitaine, comme on dit au Palais !

— Voilà qui va bien... — A quelle heure me présenteras-tu ?

— Viens me prendre en voiture demain, à midi et demi, chez moi...

Léopold fut exact.

Placide revenait de chez maître David.

Le notaire, prévenu que la signature du contrat aurait lieu à la campagne, le huitième jour après celui-là, avait accepté pour lui, pour son collègue et pour le maître clerc qui l'accompagnerait, l'invitation au dîner précédant la signature.

Pendant le trajet de Paris aux îles Sainte-Catherine, la conversation entre le père et le fils ne fut point animée.

Joubert s'absorbait dans des calculs d'argent.

Léopold, lui, songeait au passé.

Il se demandait quelle contenance il allait tenir, ne se dissimulant point que son *actif* vis-à-vis de Claire se composait de pas mal de sottises, et d'une égale quantité d'inconvenances, ce qui ne laissait point de lui causer une assez vive inquiétude.

De quelle façon la jeune fille allait-elle l'accueillir ?

Il se rassurait en se répondant qu'elle l'accueillerait bien, puisqu'elle consentait à devenir sa femme...

Et puis, enfin, inconvenances et sottises pouvaient et devaient être mises sur le compte d'un amour trop impétueux.

Les deux hommes descendirent de voiture auprès de la passerelle reliant les îles à la terre ferme, et le cocher reçut l'ordre d'attendre.

— Ah! ça, où diable me mènes-tu ? — demanda Léopold qui, nous le savons, connaissait bien ce chemin.

— Aux îles Sainte-Catherine.

Le gommeux fit une grimace fort laide.

Les îles Sainte-Catherine lui rappelaient précisément les plus fâcheux de ses plus mauvais souvenirs.

Au moment où on allait passer devant la villa des Trembles, où nous avons déjà conduit nos lecteurs, Léopold tira vivement son mouchoir de poche et s'en servit pour cacher de son mieux son visage.

Deux femmes venaient de se montrer sous le péristyle, la maîtresse du logis, Juana, et son amie Lucienne Bernier.

Mais le gommeux eut beau masquer sa figure, Lucienne le reconnut, ainsi que son père, et fit entendre un éclat de rire moqueur.

En entendant ce rire Placide releva la tête, regarda, et reconnut l'ex-maîtresse de son fils, la drôlesse dont il avait acheté la complicité pour perdre Claire, quand Claire était demoiselle de magasin chez madame Thouret.

Il fronça le sourcil mais, sans avoir l'air de la reconnaître, il poursuivit sa route.

On arriva vite à la propriété qu'habitaient l'aveugle et sa fille.

La grille était entr'ouverte.

Placide la poussa et entra dans le jardin.

Léopold, tout pâle, le suivit.

Ils atteignirent le vestibule de la maison.

Joséphine les avait vus par une fenêtre et vint à leur rencontre.

— Annoncez-nous à ces dames... — lui dit Joubert. Puis, quand elle eut disparu, il ajouta en s'adressant à Léopold dont la mine piteuse l'inquiétait : — Tu vas tâcher, n'est-ce pas, de n'avoir pas absolument l'air d'un idiot...

Le gommeux avait la gorge si serrée et la bouche si sèche qu'il lui fut impossible de répondre.

En même temps Joséphine reparut et introduisit les visiteurs au salon, où ils se trouvèrent en présence de l'aveugle et de sa fille.

Claire répondit par un léger mouvement de tête

au salut profond et vraiment comique de Léopold, qui se cassait en deux et se redressait coup sur coup comme un polichinelle.

Mademoiselle de Rhodé, à demi couchée sur une causeuse, semblait fort abattue.

— Seriez-vous malade, chère madame? — lui demanda Placide en s'approchant d'elle et en lui serrant la main.

— Un peu souffrante... — répondit-elle... — je subis les conséquences du terrible et incompréhensible accident qui m'est arrivé...

— Je regrette alors d'être venu aujourd'hui... — j'aurais dû attendre pour vous présenter mon fils... mon cher fils...

— Vous avez bien fait de l'amener... où est-il?

— Ici, madame... — dit Léopold, faisant pour parler un violent effort — et je viens vous affirmer combien ma joie est grande d'avoir le précieux et inestimable avantage d'obtenir l'honneur de faire votre connaissance, et à quel point je bénis la Providence qui a bien voulu me ramener près de mademoiselle Claire Gervais, qui était ma plus chère et mon unique idole, et que je devais croire à jamais perdue pour moi...

— Un peu entortillé et bêbête, mais pas trop mal,

en somme ! — pensa l'homme d'affaires de la rue Geoffroy-Marie.

La jeune fille prit la parole.

— Claire Gervais n'existe plus, monsieur... — fit-elle avec un sourire à la fois ironique et triste. — Elle se nomme aujourd'hui Jeanne-Marie de Rhodé... — La Providence, ou plutôt le hasard, fait souvent de singulières choses !... — Je ne me doutais guère qu'un jour ce hasard nous replacerait en face l'un de l'autre dans les conditions où nous voilà... conditions si dissemblables de celles d'autrefois !...

Léopold se battit les flancs pour se monter et se donner une contenance, car les dernières phrases de Claire le déconcertaient absolument.

— Oh ! mam'zelle... mam'zelle... — s'écria-t-il avec une chaleur de commande — oubliez le passé, je vous en supplie, oubliez-le ! ! ! Péché avoué est à moitié pardonné, à ce qu'on prétend ! — J'avoue !... j'avoue ! — je me suis conduit comme un paltoquet... comme un polisson... comme un *tompain!*... — Oubliez ça, mam'zelle Claire !... oubliez ça !...

XXXI

Après un moment de silence, Claire murmura d'une voix faible qu'elle essayait vainement d'affermir :

— On vous a dit, monsieur, que je consentais à oublier le passé et que j'étais prête à...

Malgré ses efforts, la parole expira sur ses lèvres.

— A devenir ma femme ; oui, mam'zelle Claire... — acheva le gommeux. — Je sais que vous m'avez pardonné, et que dans peu de temps je serai le plus heureux des hommes...

— Naturellement, puisque je vous apporterai en mariage plus de trois millions ! — fit la jeune fille avec amertume. — Dans huit jours nous signerons notre contrat et, d'ici là, ma mère vous autorise à venir quelquefois *me faire la cour*... C'est là, je crois, l'expression consacrée...

— Oh! que de bontés, mam'zelle Claire... que de bontés...

— Je vous répète que je ne me nomme plus Claire Gervais, mais Jeanne-Marie de Rhodé... appelez-moi Jeanne-Marie...

— Je tâcherai, mam'zelle Claire... mais ça sera difficile... Que voulez-vous, j'avais l'habitude de vous appeler autrement...

La vérité est que la fille de l'aveugle ne voulait pas entendre sortir de la bouche de Léopold ce nom de *Claire* qui lui semblait si doux sur les lèvres d'Adrien Couvreur.

A partir de ce moment, la conversation devint générale.

Le sacrifice de la courageuse enfant étant résolu, il fallait s'occuper des détails de l'union prochaine.

Il fut convenu que les bans seraient publiés dans le plus bref délai, que les jeunes époux ne quitteraient point l'aveugle et habiteraient avec elle la propriété où elle se trouvait.

Placide ajoutait libéralement cette propriété à la dot de son fils.

Le contrat se signerait à la villa des îles Sainte-Catherine; le mariage civil et le mariage religieux seraient célébrés à la mairie et à l'église paroissiale de Créteil.

Leur visite ne pouvant se prolonger indéfiniment, le père et le fils prirent congé et regagnèrent la voiture qui devait les ramener à Paris.

Joubert rayonnait.

Léopold était dans la jubilation.

Quatre jours s'écoulèrent.

Le gommeux allait chaque jour présenter à sa future belle-mère ses respectueux hommages, et apporter à sa fiancée un bouquet de dix louis, pris chez la fleuriste en renom.

Joubert, après avoir fait ses invitations pour la soirée du contrat, avait envoyé aux journaux une petite note, dont il payait l'insertion trois louis la ligne.

Cette note disait en substance que le fils du directeur très riche et bien connu de l'important cabinet d'affaires de la rue Geoffroy-Marie allait épouser une charmante jeune fille, mademoiselle Jeanne-Marie de Rhodé, qui lui apportait en dot une fortune de trois millions et demi.

Le dîner du contrat devait être apprêté à la villa même par le personnel du restaurateur de Créteil.

Ce dîner comportait vingt couverts.

Placide, enchanté de la tournure qu'avaient prise

les choses, était assis à son bureau, faisant des calculs.

Le fil téléphonique qui mettait son cabinet en communication avec celui de son principal employé fit entendre le signal d'appel, immédiatement suivi de ces mots:

— Madame Lucienne Bernier est là... Elle demande à vous voir...

Joubert eut un mouvement d'inquiétude.

— Que diable peut-elle me vouloir?... — se demanda-t-il. — En la recevant, je le saurai... Recevons-la donc...

Il ferma ses registres et il alla ouvrir.

L'ancienne maîtresse du gommeux entra, froide, élégante, tout à fait séduisante, et le sourire aux lèvres.

— Bonjour, cher maître — dit-elle en tendant la main à Placide avant de s'asseoir — Vous allez bien?... La mine est superbe... Je vous dérange peut-être, car vous devez avoir beaucoup d'occupations et même de préoccupations à la veille du mariage de NOTRE Léopold...

Elle eut grand soin d'appuyer sur le mot: NOTRE.

— Quoi, vous savez? — balbutia Joubert.

— Et comment ne saurais-je pas, s'il vous plaît, puisque vous avez pris la peine de faire annoncer le mariage dans les journaux?... Il est d'ailleurs superbe... c'est à ce sujet que je viens causer avec vous avant de partir...

— Vous partez ? — s'écria Joubert.

— Oui, Paris m'ennuie... je vais en Russie... j'ai vendu mon mobilier et réalisé mes valeurs. Dans huit jours je boirai du vin de Champagne avec les boyards... On prétend que là-bas il est meilleur que chez nous. Mais, vous pensez bien que ce n'est point pour vous raconter ça que je suis ici... — Je viens me plaindre de Léopold...

— Vous plaindre de Léopold? — répéta Placide

— Oui.

— Et à quel propos?...

— Il s'est conduit avec moi comme un paltoquet!... — Quand on quitte, pour se marier, une maîtresse qui vous faisait honneur, c'est bien le moins, n'est-ce pas, qu'on lui laisse un joli souvenir?... quelque chose comme une fiche de consolation?...

— C'est trop juste... Je sais que l'intention de Léopold était d'agir avec vous en gentleman... — Il ignorait votre prochain départ et n'a point mis assez de hâte à s'acquitter de son devoir... Si vous voulez bien me le permettre, je vais le faire à sa place...

— Je vous le permets, n'en doutez pas!

Joubert ouvrit sa caisse, en tira deux liasses de dix billets de banque chacune, et une de cinq, et les plaça sur le bureau, devant Lucienne.

— Ce sera pour acheter un bijou... — dit-il.

— Qu'est-ce que c'est que ça? — demanda la jeune femme.

— Vingt-cinq mille francs... Vous voyez, chère madame, que je fais bien les choses...

— Mais non... mais non... cher monsieur... — répliqua Lucienne toujours souriante — je ne vois pas cela du tout... — Vingt-cinq mille francs sur une dot de trois millions et demi, c'est maigre!... c'est anémique!... — D'autant plus que cette dot c'est à moi que vous la devez...

— A vous?... — s'écria Joubert.

— Parfaitement... — Souvenez-vous que je vous ai rendu de signalés services, services très compromettants pour moi, quand il s'est agi de la petite Claire Gervais...

En entendant prononcer ce nom Placide devint un peu pâle, ce qui ne l'empêcha pas de répliquer avec une certaine aigreur :

— Je me souviens à merveille des services rendus, chère madame... Mais je me souviens aussi de les avoir payés.

— Mal payés!

— Le prix convenu.

— J'avais demandé trop peu... — Aujourd'hui j'ai réfléchi, et je veux davantage...

— Vous voulez!...

— Mon Dieu, oui... je veux... Et je pourrais même dire : j'exige.

Joubert regarda sa visiteuse d'un œil effaré.

— Devient-elle folle?... — murmura-t-il assez haut pour être entendu.

— Pas le moins du monde, je vous assure...

— A quel propos ces exigences imprévues? — Ce chantage?...

— Chantage! — Le mot n'est pas poli, mais je ne me formalise point pour si peu... — Je suis maîtresse de la situation, je refuse une aumône de vingt-cinq mille francs, et je vous prie de me donner davantage... — Remarquez que je n'exige plus... Je prie!... Vous voyez si je suis gentille!...

— Finissons-en! — dit brusquement Joubert.

— Je ne demande que ça.

— Combien voulez-vous?

— Cinq cent mille francs.

Placide eut un éclat de rire bruyant, mais sonnant faux.

— Je savais bien que vous plaisantiez! — dit-il.

— De ma vie je n'ai parlé plus sérieusement.

— Je vais alors appeler un de mes employés et le charger de vous reconduire jusqu'à la porte...

— Je vous en défie!... — reprit Lucienne, dont l'ironique sourire s'accentuait de plus en plus. — Comment, cher monsieur Joubert, vous qu'on dit intelligent, vous n'avez pas encore compris que je savais tout, et que je vous tiens! — En vous voyant passer aux îles Sainte-Catherine avec ce bênêt de Léopold, en lisant l'annonce du mariage de votre fils, l'idée m'est venue de m'informer, et bien m'en a pris! — J'ai su facilement que la Jeanne-Marie de Rhodé, future épouse de votre fils, s'appelait auparavant Claire Gervais!... Claire Gervais que vous avez voulu perdre! Claire Gervais que vous avez fait jeter en prison et passer en cour d'assises, grâce à ma complicité! — Claire Gervais, héritière aujourd'hui de trois millions et demi dont vous allez vous emparer!... Claire Gervais, dont vous vous êtes fait nommer tuteur!... — Ah! j'en sais long, mon brave ami, et si je n'emporte pas en sortant d'ici les cinq cent mille francs qu'il me faut, demain matin les journaux raconteront tout ce que je sais, et ça n'arrangera pas le mariage de votre fils! — Croyez-vous que mon silence ne vaille pas un demi-million?

XXXII

Placide était devenu livide.

— Vous feriez cela ? — demanda-t-il d'une voix sourde en s'avançant vers Lucienne et en lui prenant les poignets.

— Sans hésiter ! — répondit la jeune femme.

— Et si je vous étranglais, moi ? ici ? tout de suite ?

Lucienne éclata de rire.

— Mon cadavre serait bien gênant ! — fit-elle. — Vos employés m'ont vue entrer chez vous... il faut absolument qu'ils m'en voient sortir. — Allons, exécutez-vous de bonne grâce, puisque vous ne pouvez pas faire autrement.

Joubert écumant, les yeux hagards, serrait les poignets de Lucienne comme dans un étau.

— Vous me faites très mal, — reprit-elle — et si vous ne me lâchez pas, je demanderai cent mille francs de plus...

L'escompteur ouvrit les tenailles formées par ses mains osseuses, et se mit à se promener de long en large dans son cabinet, comme une bête fauve en cage.

Soudain il s'arrêta. — Son parti était pris.

Il plaça une feuille de papier sur son bureau, trempa une plume dans l'encre et, mettant cette plume entre les doigts de l'ex-maîtresse de Léopold, lui dit :

— Je vais vous donner cinq cent mille francs, mais il me faut une garantie... — Je veux être sûr que ce chantage ne se renouvellera pas ! — Ecrivez !

— Quoi ?

— Ceci : — « *Moi, Lucienne Bernier, je m'accuse d'avoir volé, le 18 mars dernier, à madame Alexandrine Thouret, modiste, rue Caumartin, deux coupons de dentelles, et d'avoir volontairement fait accuser Claire Gervais de ce vol dont elle était innocente.* »

Lucienne avait écouté sans écrire.

— Qu'attendez-vous ? — demanda Joubert.

— Mes cinq cent mille francs.

— Donnant, donnant.

— D'accord. Mais je veux les voir étaler en belle place sur ce maroquin vert — Quand ils y seront, j'écrirai. — Qu'est-ce que je risque, après tout ? — Si vous me faisiez arrêter en produisant cette pièce, je ne vous ménagerais pas et vous seriez aussi bien perdu que moi ! — D'ailleurs je file en Russie...

Joubert ouvrit de nouveau sa caisse, et étala devant Lucienne cinq paquets de cent mille francs.

— Répétez, maintenant... je suis prête... — fit l'ex-maîtresse de Léopold.

Placide dicta.

Lucienne écrivit, data, signa, puis entassa les billets de banque dans un petit sac à main qu'elle portait, fit un grand salut ironique, et sortit du cabinet en refermant la porte derrière elle.

Joubert se laissa tomber, épuisé, brisé, sur son fauteuil, tout en se livrant à un monologue rageur que nous nous garderons bien de reproduire.

Il fut interrompu dans ce monologue par un nouveau signal d'appel téléphonique.

L'employé le prévenait que M. Jacquier, son collègue de la rue Bleue, accompagné d'une autre personne, désirait lui parler pour affaires.

— Pour affaires !... — murmura Placide. — De quelles affaires peut-il être question entre moi et ce Jacquier que j'exècre?... — Enfin il est impossible de refuser de le recevoir...

Il ouvrit.

Jacquier entra, accompagné de Bonichon.

Tous deux saluèrent.

— Ma visite vous étonne un peu, mon distingué collègue, n'est-ce pas? — dit Jacquier du ton le plus aimable.

— Elle m'étonne même beaucoup... — répliqua froidement Joubert.

— Son motif est cependant des plus sérieux.

— Je vous prie donc de me le faire connaître sans retard, afin de ne point prolonger inutilement cette entrevue...

Jacquier prit un siège que Placide ne paraissait pas songer à lui offrir.

Bonichon en fit autant.

— J'attends... — dit Joubert.

— Je vais droit au but, — répliqua l'escompteur de la rue Bleue. — Vous allez marier votre fils.

— Tout le monde sait cela...

— Il épouse la jeune fille que, plus heureux que moi, vous avez retrouvée...

— Plus heureux, et peut-être aussi plus adroit.

— L'un et l'autre, mon distingué collègue... Oh! je vous rends toute justice... — Cette jeune fille

15.

apporte à votre fils une fortune de trois millions cinq cent mille francs...

— Après?

— Vous-même, vous constituez à ce cher Léopold une dot agréablement rondelette...

— Que vous importe?

— Il m'importe beaucoup...

— Je ne comprends pas... Voulez-vous, par hasard, me donner à entendre que mon fils vous doit de l'argent...

— Assurément il m'en doit, mon distingué collègue... il m'en doit même pas mal, et je trouve qu'il aurait été de bon goût de venir me trouver avant son mariage, pour liquider sa situation en ce qui me concerne...

— Je sais qu'il comptait en finir avec ses créanciers, dont j'ignorais d'ailleurs que vous fissiez partie... — Le temps lui a manqué... — Ce qu'il n'a pas fait, je vais le faire. — Combien vous est-il dû?

Jacquier prit des mains de Bonichon un portefeuille ministre d'une ampleur majestueuse, l'ouvrit, en tira une feuille de papier timbré et la présenta à Joubert, en lui disant :

— Voici un relevé de compte très exact... — Il est bien entendu que je possède et que je tiens à votre disposition toutes les pièces à l'appui... y compris les reçus de votre fils.

Placide jeta les yeux sur le relevé de compte et fit un bond.

Ses mains tremblèrent, — ses yeux se voilèrent, — des gouttes de sueur mouillèrent ses tempes.

— Trois cent quatre-vingt-quinze mille francs! — murmura-t-il d'une voix éteinte.

— Y compris les intérêts depuis deux ans, à cinq et demi pour cent. — Vous voyez, mon distingué collègue, que j'ai prêté aux taux le plus modeste...

Joubert avait repris possession de lui-même.

Il jeta dédaigneusement sur son bureau le papier qu'il tenait, et dit en haussant les épaules :

— Ceci ne me regarde point. — J'aurais payé pour mon fils si la somme prêtée avait été admissible... acceptable... vingt-cinq ou trente mille francs, par exemple... Mais il s'agit d'une somme énorme, scandaleuse... Tant pis pour vous! — La loi vous interdisait de prêter à un mineur... Votre créance est nulle...

— Je connais la loi, mon distingué collègue, mais je comptais sur votre honorabilité et sur votre tendresse paternelle...

— Vous aviez tort... — Ni mon honorabilité ni

ma tendresse paternelle ne me donnent le conseil de vous enrichir en ruinant mon fils !

— Vous refusez de payer ?

— Oui.

— C'est votre dernier mot ?

— C'est mon dernier mot... Adressez-vous au tribunal de commerce si le cœur vous en dit.

— Peut-être m'adresserai-je, en effet, aux tribunaux — si vous m'y forcez. — Seulement, ce ne sera pas au tribunal de commerce...

— Au tribunal de première instance alors ?

— Non plus, mon distingué collègue...

— A quelle juridiction, alors ?

— A celle de la cour d'assises !

— La cour d'assises !... — répéta Placide stupéfait.

— Mon Dieu, oui ! et dès demain — si vous persévérez dans votre refus de payer les dettes de M. Léopold — je porterai plainte au procureur de la république... Il est possible que je perde mon argent comme ayant prêté à un mineur ; mais il est certain que je ferai condamner votre fils aux travaux forcés comme faussaire, et alors, adieu le mariage. — Parole d'honneur, mon distingué collègue, ça me consolera de l'argent envolé ! Ça sera ma revanche de l'*affaire Marie-Jeanne et Jeanne-Marie !*...

— Mon fils, un faussaire ! — s'écria Joubert. — Qui l'accuse ?

— Moi, parbleu !

— Vous en avez menti !

— Des gros mots ! — A quoi bon ?... — Vous savez bien, au fond, que le jeune Léopold est capable de tout, et que d'ailleurs je ne serais pas assez nigaud pour formuler une accusation de ce genre si je n'avais la preuve dans les mains...

— Vous avez cette preuve ?

— Je l'ai si bien que je vais vous la montrer...

XXXIII

Jacquier rouvrit l'imposant portefeuille d'où il avait tiré le relevé de comptes, et il exhiba une lettre de change qu'il plaça sous les yeux de Placide.

Celui-ci voulut s'en emparer.

L'escompteur de la rue Geoffroy-Marie la retira vivement, en disant avec un rire ironique :

— On ne touche pas à ça, monsieur Joubert, ça mord !...

Placide, écrasé, recula.

Cependant il voulut se débattre encore contre la vérité.

— Non ! non !... — murmura-t-il — C'est impossible !... Vous me tendez un piège pour me forcer à payer.

En ce moment la porte du cabinet s'ouvrit et Léopold parut.

— Voilà qui se trouve à merveille ! — s'écria Jacquier. — Votre fils va vous apprendre si je mens !

Léopold, voyant l'escompteur en conférence avec son père, fit un mouvement d'effroi et essaya de battre en retraite.

Il n'était plus temps.

Joubert, s'élançant vers lui, le prenait au collet et le traînait jusqu'au milieu de la pièce, en lui disant d'une voix sifflante :

— Parle, misérable !... — Est-ce vrai que tu as fait un faux, et que ce faux, par conséquent ton honneur et ta vie, sont aux mains de cet homme ? Parle !... Mais parle donc !...

Léopold se mit à trembler de tous ses membres et s'abattit sur ses deux genoux, balbutiant :

— Grâce ! grâce ! papa.

— Ainsi c'est vrai !... — hurla Joubert, en proie à un affolement complet, à un accès d'indicible rage.

Il leva ses poings fermés ; — il allait se ruer sur son fils et l'assommer sans doute ; mais, au moment de frapper, il s'arrêta.

— Va-t'en ! va-t'en ! — dit-il — va-t'en !... Je te tuerais !

Le relevant alors par le collet de son veston, il le poussa dehors puis, d'un coup de pied, il referma derrière lui la porte qu'il faillit briser.

— Eh bien ! — fit-il en revenant et en s'adressant à Jacquier — vous devez être content... je vais vous payer... — De combien est-il, ce faux?

— De dix mille francs.

— Plus trois cent quatre-vingt-quinze mille francs... Total : quatre cent cinq mille francs...

— Pardon, pardon !... — interrompit Jacquier en riant. — Nous sommes loin de compte, mon distingué collègue... très loin de compte...

— Comment ?

— Ce faux ne fait point du tout partie de la créance à rembourser. — Il est à vendre...

— A vendre ?... — répéta Joubert, anéanti.

— Et vous allez me l'acheter, sans marchander ce qu'il vaut.

— Combien vaut-il ?

— Cinq cent mille francs... — Total : neuf cent cinq mille francs.

— Neuf cent cinq mille francs!... — s'écria Placide, en s'appuyant à son bureau pour ne pas tomber... — Jamais ! jamais !... — J'offre cent mille francs du billet du faux...

— Inutile de discuter et de marchander... —

interrompit Jacquier... — Je ne vous ferai pas une concession de dix centimes... — Payez ou, en sortant de chez vous, je vais au parquet déposer une plainte contre votre fils.

— Mais, ce que vous me demandez là, c'est toute ma fortune..., — Près d'un million!... — Si je vous les donne, je suis ruiné!...

— Bast! vous avez les reins plus solides que ça, mon distingué collègue !... Vous êtes riche... très riche même !... D'ailleurs votre fils va toucher les trois millions cinq cent mille francs de la demoiselle Jeanne-Marie, et votre fils est un autre vous-même... Or, Léopold en cour d'assises, adieu le mariage et la dot... Exécutez-vous de bonne grâce, croyez-moi... Vous n'avez pas d'autre parti à prendre...

Placide était rentré brusquement en possession de son sang-froid.

— Je n'ai pas neuf cent cinq mille francs ici, — fit-il.

— Je comprends ça, mais votre signature est bonne, et j'accepterai très bien un chèque à vue et au porteur sur le Crédit Lyonnais, où je sais que le chiffre de votre avoir dépasse un million...

Joubert ouvrit un tiroir de son bureau, y prit un livre de chèques, en détacha une feuille, la remplit, la signa, et la tendit à Jacquier en lui disant :

— Vous voilà payé... — rendez-moi les pièces... et donnez-moi un reçu pour solde de tout compte...

L'escompteur de la rue Bleue ouvrit pour la troisième fois son immense portefeuille, en tira toutes les reconnaissances de Léopold, auxquelles il joignit le billet faux de dix mille francs, signa le reçu demandé par Joubert et lui présenta le tout, avec un grand salut accompagné de ces paroles :

— Nous voilà quittes, mon compère !... — Je savais bien que j'aurais ma revanche... — La trouvez-vous complète ?

Puis, mettant dans son portefeuille le chèque à vue et au porteur sur le Crédit Lyonnais, il sortit, accompagné de Bonichon, sans que Joubert eût trouvé un mot à lui répondre.

Resté seul, le père de Léopold eut une crise où la fureur et le désespoir se mêlaient à doses égales... — Il rugissait, sanglotait, s'arrachait quelques cheveux, montrait le poing à la porte par laquelle Joubert venait de sortir, et bégayait des phrases entrecoupées, où les deux mots de *ruine* et de *vengeance* étaient seuls à peu près distincts.

Enfin cette crise s'usa vite, en raison même de sa violence, et Joubert semblait calme quand un de ses employés entra pour lui remettre une dépêche.

Cette dépêche sans signature ne contenait que ces mots :

« *Prière venir sans le moindre retard rue des Saussaies. — Très urgent.* »

— Je vais y aller... — murmura-t-il.

Et il gagna son appartement pour s'habiller.

Léopold, pâle et tremblant, l'attendait. — Il pleurait comme un enfant et tendit vers lui ses mains suppliantes.

— A quoi bon l'abrutir par des reproches ? — pensa Joubert. — Ce qui est fait est fait !...

Puis, tout haut :

— Ah ! tu as été bien coupable ! — lui dit-il. — Ta folie imbécile me coûte la moitié de ma fortune... Mais je te pardonne à condition que, cette fortune, tu m'aideras à la rétablir... — Rentre chez toi... — Continue à aller chaque jour aux îles Sainte-Catherine, et souviens-toi qu'après-demain nous signons ton contrat...

Léopold, la tête basse, retourna rue Saint-Georges, tandis que Joubert prenait le chemin du faubourg Saint-Honoré.

Prions nos lecteurs de nous accompagner aux

îles Sainte-Catherine, la veille de ce jour, à six heures et demie du soir.

Adrien Couvreur, revenant de son atelier, avait pris le bateau-mouche jusqu'au pont de Charenton, et là il était monté dans le tramway faisant le service de Créteil.

En descendant du tramway il suivit la route conduisant à la passerelle des îles.

Sur cette route, et un peu avant d'atteindre la passerelle, il rejoignit une femme âgée déjà, marchant moins vite que lui et dont il lui semblait que la tournure ne lui était point inconnue.

Au moment où il allait la dépasser il la regarda, reconnut en elle Joséphine, la servante par intérim de l'aveugle et de sa fille et, soulevant son chapeau pour la saluer, lui demanda :

— Comment se porte madame de Rhodé ?...

— Bien souffrante depuis son accident monsieur... — répondit Joséphine. — Ajoutez à cela le chagrin que lui cause le mariage forcé de sa fille, et vous comprendrez sans peine qu'elle se porte assez mal...

— Oui... oui... je comprends... — fit Adrien avec un soupir ; puis, d'une voix tremblante il ajouta :

— Et mademoiselle Claire... je veux dire mademoiselle Jeanne-Marie de Rhodé ?

— Eh ! monsieur, vous savez bien qu'elle vous aime et que son amour la tuera...

Adrien porta la main à son cœur, pour en comprimer les battements.

Joséphine continua :

— Ah ! c'est bien triste, allez, monsieur, de voir souffrir ainsi et pleurer deux dignes créatures qui ont déjà tant souffert et tant pleuré ! Il n'y a rien à faire et rien à dire... Elles se sacrifient l'une pour l'autre et pousseront le sacrifice jusqu'au bout...

— Quand la jeune fille est avec sa mère, elle fait la vaillante ; mais, quand elle est seule, elle sanglote et appelle la mort !

XXXIV

— Pauvre Claire! — murmura douloureusement Adrien, en essuyant ses yeux pleins de larmes. — Et ne rien pouvoir!

— Non, rien, qu'avec de l'argent, beaucoup d'argent! — dit Joséphine. — Il faudrait près de cinq cent mille francs pour faire rompre cet affreux mariage.

— Près de cinq cent mille francs! — répéta Couvreur. — Ah! si je pouvais vendre à ce prix les trois quarts de ma vie... si je pouvais faire de l'or avec mon sang, comme je serais heureux de sacrifier ma vie et de donner mon sang!

— Par malheur, ce sont des marchandises qui ne s'achètent pas!

— Et ce mariage maudit, quand doit-il avoir lieu?

— Dans trois semaines...

— Trois semaines!... — répéta Couvreur.

— Oui, et après-demain, grand dîner de vingt personnes à la villa... Le soir, signature du contrat...

— Ah ! c'est ici qu'on signera le contrat?...

— Oui, monsieur... à neuf heures du soir !... — Pauvre demoiselle Jeanne-Marie!...

On était arrivé dans l'île.

Joséphine et Adrien se séparèrent; car chacun d'eux suivait une direction différente, et tout en s'éloignant le jeune peintre répétait, sans en avoir conscience :

— Cinq cent mille francs... cinq cent mille francs !...

*
* *

Placide Joubert, en sortant de chez lui, avait pris une voiture et s'était fait conduire rue des Saussaies.

Marchal vint lui ouvrir la porte de l'appartement où se trouvait installée la fabrique de faux billets de loterie.

— Vous m'avez télégraphié de venir sans retard — dit Placide — me voilà — Que me voulez-vous ?

— Régler avec vous nos derniers comptes, vous remettre les clefs et filer en Belgique...

— Filer! — s'écria l'homme d'affaires. — Est-ce que quelque danger nous menace?

— Aucun que je sache...

— Eh bien, alors?

— D'où sortez-vous? — Ignorez-vous donc que c'est aujourd'hui, en ce moment même, que se tire la loterie des Arts industriels, au palais de l'Industrie?...

— Aujourd'hui? — répéta Joubert — je l'ignorais en effet... ou plutôt je l'avais oublié... j'ai tant de choses dans la tête...

— Par conséquent n, i, ni, c'est fini! — Plus rien à frire pour nous!... — Il vous revient quinze mille francs sur le prix des derniers billets vendus... Les voici. — Voici, en même temps, les clefs du logement. — N'oubliez pas de faire disparaître le matériel ultra-compromettant qui se trouve ici, et de brûler les deux ou trois millions de billets qui restent... — La septième série, entre autres, est à peine entamée...

— Tout sera brûlé, soyez tranquille...

— Quand?

— Dès ce soir.

— Eh bien, mon cher associé, il ne me reste qu'à

prendre congé de vous et à vous donner une bonne poignée de main... — Cette nuit, je coucherai à Bruxelles...

Marchal partit le premier et Joubert le suivit, en ayant soin de refermer à double tour la porte de l'appartement avec une des clefs que son complice venait de lui remettre.

Ayant renvoyé sa voiture, il gagna les Champs-Élysées par l'avenue Marigny.

Aux abords du palais de l'Industrie se pressait une foule immense.

Placide s'arrêta.

Juste en face de lui se trouvait le pavillon où l'administration de la *Loterie des arts industriels* était installée.

Il se souvint et il comprit.

Les gens qui se trouvaient là, n'ayant pu trouver place dans la salle du tirage, attendaient en plein air, avec impatience et anxiété, les résultats de ce tirage.

Soudain, au milieu de la foule bruyante une voix suraiguë retentit.

— Le gros lot !... le gros lot est tiré ! — glapissait cette voix. — C'est le numéro *sept millions neuf cent soixante dix-neuf mille neuf cent quatre-vingt dix-neuf*, qui gagne cinq cent mille francs !

Un *hourra* frénétique suivit cette annonce.

Placide, en l'entendant, ressentit une violente secousse intérieure.

Son être vibra tout entier.

— *Sept millions neuf cent soixante dix-neuf mille neuf cent quatre-vingt dix-neuf...* — murmura-t-il. — Pourquoi ces chiffres me remuent-ils ainsi?

Ces chiffres, il entendait mille voix émues les répéter autour de lui.

Il voyait d'innombrables mains frémissantes feuilleter des liasses de billets tirées des poches, pour constater si, par hasard, le numéro gagnant ne s'y trouvait point.

Soudain, une lueur se fit dans le cerveau de Joubert.

— Est-ce que je me trompe? — se dit-il — Ce numéro qu'il me semble connaître, n'est-ce pas celui du billet légué par Joachim Estival à Claire Gervais?... — Si c'était vrai... si ce billet avait gagné le lot de cinq cent mille francs, tout serait perdu!... Avec cet argent, la mère et la fille acquitteraient les droits de mutation... la chaîne que je leur rivais au pied se trouverait brisée, et Jeanne-Marie romprait avec bonheur le mariage près de se conclure!...

Placide réfléchit pendant quelque secondes, puis son visage assombri se rasséréna...

— D'abord — reprit-il — rien ne prouve que ma mémoire soit absolument fidèle... et puis, si le billet d'Estival est le billet gagnant, rien ne prouve que la ci-devant Claire Gervais le possède encore... Au moment de son arrestation elle a dû le perdre, ou dans sa profonde misère le vendre pour manger... — Ce qu'il faut savoir avant tout, c'est si mes souvenirs sont exacts...

Tout à coup la foule qui se trouvait à l'intérieur du palais de l'Industrie sortit par les portes largement ouvertes.

En même temps, vingt voix se mirent à crier :

— Demandez la liste officielle des numéros gagnants du tirage définitif de la grrrande loterrrie des Arts industriels... — Dix centimes... deux sous!

Et les crieurs, les bras chargés de listes encore humides, car elles s'échappaient à peine des presses installées au palais pour la circonstance, se mêlaient à la foule.

Joubert s'empressa d'échanger un gros sou contre une de ces listes et la regarda.

Le numéro 7,979,999 lui parut imprimé en caractères étincelants.

Se frayant un passage avec ses coudes, il traversa presque au pas de course la cohue, atteignit l'avenue, sauta dans la première voiture qu'il vit passer à vide et cria au cocher :

— Rue Geoffroy-Marie, n° 1... et du train ! — Quarante sous de pourboire!...

Le cheval fila.

— Ce doit-être ce numéro-là ! — murmurait Placide, chemin faisant — je suis presque sûr que c'est lui!...

Arrivé à la maison qu'il habitait, il gravit les escaliers plus légèrement, sans le moindre doute, que son fils Léopold n'aurait pu le faire, passa comme une flèche devant ses employés ahuris, pénétra dans son cabinet et ouvrit sa caisse.

Du fond de l'une des cases il sortit plusieurs liasses, et en tira le testament de feu Joachim Estival.

Ce testament déplié, il y chercha le paragraphe relatif à Claire Gervais.

Il le trouva et lut :

« 5° *A mademoiselle Claire Gervais, modiste, demeurant à Paris, rue des Lions-Saint-Paul, n° 27, je lègue un billet de la loterie des Arts industriels, portant le n° 7,979,999.* »

— C'est le numéro ! c'est le numéro ! — s'écria Placide sans en avoir conscience. — Et il gagne cinq cent mille francs !... — Si Jeanne-Marie possède le billet légué à Claire Gervais, et si elle apprend que c'est le billet gagnant, adieu le mariage !... — Nous somme ruinés !... — Ah ! je veux savoir !... — Je saurai !

Joubert replia le testament de Joachim Estival, — le remit dans sa caisse qu'il ferma soigneusement, sortit, remonta dans la voiture qui l'avait amené et se fit conduire au chemin de fer de Vincennes.

Il allait aux îles Sainte-Catherine.

XXXV

Depuis la tentative d'assassinat commise sur mademoiselle de Rhodé, le médecin qui soignait Claire n'était point revenu, absorbé par sa clientèle de Paris.

La lettre d'invitation à lui adressée par Placide Joubert pour le dîner qui devait précéder la signature du contrat, lui rappela qu'il devait une visite à madame de Rhodé, et il partit pour les îles Sainte-Catherine.

Léopold, suivant docilement les conseils paternels, y venait chaque jour.

Au moment de l'arrivée du docteur, il se trouvait dans le jardin, sous un kiosque, avec l'aveugle et sa fille.

Jeanne-Marie annonça le médecin à sa mère qui lui tendit la main.

Il serra cette main et la trouva brûlante de fièvre.

— Seriez-vous malade, chère madame? — demanda-t-il.

— Malade, non — répondit l'aveugle — mais un peu souffrante... C'est la suite de mon accident.

— Un accident! — répéta le docteur — quel accident?

— J'ai failli me noyer.

— Et, sans un sauveur arrivé d'une façon vraiment providentielle, je serais en deuil aujourd'hui ! — ajouta Claire avec émotion.

— Mais à la suite de quelle imprudence cet accident est-il arrivé?

— Ça — répliqua bêtement Léopold — c'est la bouteille à l'encre. — Personne n'y comprend rien.

Claire reprit :

— Cela est arrivé la nuit de ce gros orage qui vous a forcé à partir d'ici tout de suite après le dîner avec M. Joubert... — C'est pendant cet orage que ma mère est tombée à l'eau.

— Mais comment se fait-il, madame, que vous vous soyez levée et que vous soyez sortie ? — demanda le médecin à l'aveugle qui répondit :

— Je ne sais... je ne me souviens de rien... — Peut-être aurai-je eu un cauchemar...

— Ce cauchemar n'aurait pu vous enlever le souvenir... — Vous étiez-vous couchée de bonne heure ?

— Plutôt que de coutume, oui... je me sentais écrasée par un sommeil de plomb... j'éprouvais un engourdissement général... — Je n'ai pas même eu la force de me déshabiller complètement...

— Voilà qui est bizarre ! — s'écria le docteur.

— Bizarre ? Pourquoi ?

— Les symptômes que vous me décrivez sont précisément ceux qu'ont dû produire chez mademoiselle Jeanne-Marie les six gouttes de la potion soporifique. — N'est-ce pas, chère enfant ?

— Mais, monsieur le docteur, je n'ai rien ressenti... absolument rien...

— Et, malgré l'orage, vous avez dormi ?...

— D'un sommeil agité, parfois interrompu, mais j'ai dormi.

Le médecin réfléchissait.

Tout à coup Claire poussa une exclamation.

— Vous souvenez-vous, docteur — fit-elle ensuite — que M. Joubert a brisé son verre en voulant trinquer avec vous ?

— Certainement, je me souviens.

— Joséphine est venue éponger la nappe et étendre une serviette sur l'endroit maculé.

— Oui, et M. Joubert, pour rendre cette besogne plus facile, a soulevé les autres verres, encore pleins.

— Eh bien, l'idée me traverse l'esprit qu'en replaçant les verres sur la table, M. Joubert a pu se tromper et, sans le vouloir, donner à ma mère celui contenant les gouttes qui m'étaient destinées... — Cela expliquerait tout.

Le médecin eut un tressaillement brusque et fronça le sourcil.

— Cela expliquerait l'irrésistible sommeil — répliqua-t-il, — mais pas le moins du monde que madame votre mère ait pu quitter son lit, traverser le jardin dans une sorte d'état de somnambulisme, et aller tomber dans la Marne.

— Nous avons, le lendemain, trouvé un morceau de son peignoir accroché aux arbustes épineux de la berge...

— Étrange ! — murmura le médecin.

— Docteur — demanda Léopold — la potion n'aurait-elle pu déterminer chez madame de Rhodé cet état de somnambulisme dont vous parliez tout à l'heure ?

— Oh ! impossible ! absolument impossible !...
— Les gouttes somnifères produisent un engourdissement presque cataleptique...

— Mais alors... mais alors... il y aurait eu une tentative de crime !! — s'écria Léopold.

— Vous avez la même idée que moi, monsieur !... — fit le médecin — Et vous, mademoiselle, que pensez-vous ?

— Je ne puis croire à un crime... — répliqua la jeune fille.

— Pourquoi ?

— D'abord ce crime aurait été sans motif, ma mère n'ayant et ne pouvant avoir aucun ennemi...
— Ensuite Joséphine, avant de se coucher, avait fermé soigneusement toutes les portes, et le matin, en se levant, elle les a trouvées ouvertes, ce qui prouve bien que ma mère les avait ouvertes de l'intérieur.

— Tout cela est très mystérieux... je n'y puis rien comprendre.

Joséphine coupa court à la conversation en annonçant que la couturière de Paris attendait ces dames.

L'aveugle et sa fille allèrent la rejoindre au salon.

Les deux hommes restèrent seuls.

— Ainsi, monsieur le docteur, vous supposez un crime ? — demanda le fils de Placide.

— Oui... aucune autre explication ne me semble admissible.

— Mais, comme le disait mamz'elle Claire... non, Jeanne-Marie, quel motif? quel intérêt ?... Point d'ennemi, la bonne dame... et même aucun ami, sauf mon père...

Si Léopold eût été observateur, il aurait vu le front du médecin se plisser de nouveau au moment où il parlait de son père.

Le docteur ne répondit pas.

Il réfléchissait.

— Pourquoi — se demandait-il — pourquoi ce Joubert m'a-t-il adressé, au sujet des gouttes, plusieurs questions? entre autres celle-ci : — *Ces gouttes changent-elles le goût du breuvage auquel elles sont mêlées ?* — Que lui importait cela ?

» Pourquoi, au commencement du repas, a-t-il voulu trinquer à la santé de mademoiselle Jeanne-Marie ?... — Pourquoi ce verre si maladroitement ou si habilement brisé ?...

» Je vois, dans tout cela, quelque chose de suspect...

» C'est Joubert qui a amené l'aveugle et sa fille dans cette maison, qui lui appartient...

» Le mariage prêt à se faire, il l'impose, cela saute aux yeux! — Cette douleur muette de l'enfant, cette souffrance morale inguérissable et qui la tue! — Assurément il se joue ici l'un de ces drames inconnus qui sont les plus terribles de tous !

Léopold était incapable de ranimer une conversation languissante. — Il laissa le médecin livré à ses réflexions et le silence s'établit.

Au bout d'un quart d'heure, Pauline de Rhodé et sa fille reparurent.

Joubert venait d'arriver à la villa et les accompagnait.

Il tendit la main au docteur, qui ne put faire autrement que de la toucher, mais qui la toucha légèrement.

Placide ne fit aucune attention à ce détail et demanda :

— Vous avez reçu l'invitation que j'ai eu l'honneur de vous adresser pour le dîner du contrat?

— Oui... — Il est bien entendu que je l'accepte, et je félicite les deux fiancés au sujet d'une prochaine union qui ne peut manquer d'être heureuse.

En prononçant ces mots, le médecin regardait Claire.

Il vit la jeune fille tressaillir.

En venant aux îles Sainte-Catherine ce jour-là, Placide, nous le savons, avait un but. — Il ne perdit pas une minute pour chercher à l'atteindre.

— Quelle singulière chose que la vie ! — s'écria-t-il. — Qui nous aurait dit, n'est-ce pas, mesdames, quand nous nous sommes trouvés réunis tous les trois dans l'étude d'un notaire, que nous étions destinés à ne former bientôt qu'une famille ?

— Ah ! c'est bien vrai ! — répliqua Pauline de Rhodé. — Quand j'entendis pour la première fois la voix de Jeanne-Marie, je ne me doutais guère que c'était mon enfant qui me parlait !

— Figurez-vous, docteur, — reprit Joubert — une complication de circonstances plus bizarres les unes que les autres ! — Je venais de faire un petit héritage. — L'ami qui me nommait son exécuteur testamentaire me chargeait de distribuer quelques legs, et parmi les légataires se trouvaient madame Pauline de Rhodé et mademoiselle Jeanne-Marie, qu'on appelait alors Claire Gervais...

— Quand je pense — dit vivement l'aveugle — que tout mon bonheur à venir allait dépendre de ce legs ! — Sans M. Estival, qui me laissait une médaille... une humble petite médaille d'argent, je n'aurais jamais retrouvé ma fille !

XXXVI

— Le défunt ne vous laissait qu'une médaille ? — demanda le notaire.

— Absolument... — répondit Pauline.

— Estival était l'être le plus original qu'il y eût au monde !... — reprit Joubert. — Devinez en quoi consistait le legs destiné à mademoiselle Claire Gervais, aujourd'hui Jeanne-Marie de Rhodé ?... — Non... non... ne cherchez pas !... Vous ne devineriez jamais !...

Claire eut aux lèvres un sourire d'une expression profondément triste.

Les paroles de Joubert, lui remettant le passé sous les yeux, la ramenaient vers son amour perdu.

— Il lui laissait un billet de loterie... — dit l'aveugle.

— Un legs bizarre en effet! — répliqua le docteur — Mais un billet de loterie, c'est quelquefois une fortune...

— Qu'as-tu fait de ce billet, mon enfant? — demanda Pauline.

La jeune fille devint très pâle.

Elle ne pouvait ni ne voulait apprendre la vérité à ses auditeurs.

— Eh! ma mère, le sais-je? — répondit-elle avec un léger haussement d'épaules. — Au milieu de tous les tourments, de tous les chagrins que j'ai dû subir, pouvais-je me préoccuper de ce morceau de papier sans valeur?... — La seule chose certaine est que je ne le possède plus...

Le visage de Placide s'illumina.

Ses prévisions se réalisaient.

Claire avait égaré son billet — le billet gagnant le gros lot!

— Vous dînez avec nous, n'est-ce pas, monsieur Joubert? — demanda l'aveugle.

L'homme d'affaires regarda sa montre.

— Non, chère madame, à mon grand regret... — répondit-il. — Je dois être à Paris à six heures dix minutes, à un rendez-vous, et il est cinq heures moins un quart. — Je vais donc prendre immédiatement congé de vous...

Placide alla rejoindre la voiture qui l'avait amené, qui l'attendait près de la passerelle et qui le ramena à Paris.

Ne voulant pas se rendre au logement de la rue des Saussaies avant la nuit noire, il se fit descendre à la porte de l'un des grands restaurants du boulevard et dîna de la façon la plus confortable.

A neuf heures seulement il sortit de table, prit le chemin de la rue des Saussaies et pénétra dans l'atelier du faussaire Marchal, grâce à la clef que lui avait donnée celui-ci.

Là il alluma une petite lampe placée sur un meuble de l'antichambre, et il alla droit aux rayons supportant les registres à souches d'où les complices détachaient les faux billets qu'ils expédiaient par la poste dans toutes les directions.

Ces registres étaient classés par ordre.

Les faussaires — nos lecteurs l'ont compris — n'avaient pu placer leurs produits en nombre égal à celui des billets que l'administration de la loterie mettait en circulation; mais ils en avaient imprimé, timbré, maquillé la même quantité, afin d'en détacher çà et là de petites séries, ce qui devait rendre plus rare la présentation des billets doubles.

Joubert chercha sur les dos des registres les volumes formant la série du septième million.

Il y avait quatre volumes, divisés par parties de deux cent cinquante mille billets chacun.

Prenant le quatrième volume, il le plaça sur une table, sous la lumière de la petite lampe.

Sa main tremblait.

— Si je n'allais pas trouver... — murmurait-il. Qui sait si Jeanne-Marie ne remettrait point la main sur le billet qu'elle croit perdu?...

Brusquement, il ouvrit le registre.

Dans la plupart des pages manquaient un, deux, trois, parfois quatre billets.

Quelques-unes des feuilles, mais en très petit nombre, étaient au contraire intactes.

Le numéro que cherchait l'homme d'affaires devait être placé presque à la fin du volume.

Avec une anxiété voisine de l'angoisse, Joubert feuilleta.

Partout il y avait des vides.

— 7,920,645 — lut-il — je n'y suis pas encore...

Il alla plus loin, tourna quelques pages et poussa une exclamation de triomphe.

Le numéro 7,979,999 venait de lui apparaître.

— Enfin!... — murmura-t-il — enfin, le voilà!...

Il détacha soigneusement de la souche le billet pointé à l'emporte-pièce, le fripa entre ses doigts, le passa sur une table poudreuse afin de lui enlever l'apparence du neuf, le plaça dans son portefeuille, éteignit la lampe, sortit, et regagna la rue Geoffroy-Marie.

**

Le drame de la Porte-Saint-Martin, pour lequel trois décorations avaient été peintes dans l'atelier de la rue Montparnasse, venait d'obtenir un grand succès : succès de pièce, succès d'acteurs, succès de décors.

Le patron d'Adrien, enchanté, avait invité ses jeunes collaborateurs à déjeuner, le jeudi suivant, à onze heures, au restaurant de la *Belle-Polonaise*, rue de la Gaîté Montparnasse. — On fêterait le succès, le verre en main.

Ce jeudi était précisément le jour où devait avoir lieu, aux îles Sainte-Catherine, la signature du contrat de mariage de Léopold Joubert et de Jeanne-Marie de Rhodé.

A huit heures du matin, Adrien était sorti de chez lui pour traverser la Marne dans son canot.

En passant devant la villa où se trouvait Claire, il sentit son cœur se serrer douloureusement.

— C'est ce soir — murmura-t-il — c'est ce soir que je vais la perdre à jamais!...

Deux grosses larmes coulèrent sur ses joues.

Nous n'étonnerons personne en disant qu'il apporta un visage singulièrement triste au déjeuner, au milieu des visages rayonnants de ses camarades d'atelier.

— Voyons, voyons, déride-toi aujourd'hui ! — lui dit Jacques Lavaud en riant — Demain tu reprendras, si tu veux, ta figure d'enterrement !...

Adrien avait essayé de sourire, mais ce sourire contraint offrait quelque chose de navrant.

Tandis que le déjeuner suivait son cours, très gai, très bruyant, une voix enrouée s'éleva dans la rue, sous les fenêtres du restaurant.

Cette voix criait :

— Demandez la liste des numéros gagnants du définitif et dernier tirage de la loterie des Arts industriels... le gros lot de cinq cent mille francs... dix centimes... deux sous !...

Couvreur avait relevé la tête vivement pour écouter.

— Comment ! comment ! elle est donc tirée, cette fameuse loterie ? — fit Vivier.

— Depuis hier... — répliqua Fremy.

— Mais, sapristi ! j'ai deux billets, moi, mes enfants !... — s'écria Lavaud en tirant son portefeuille de sa poche, et en l'ouvrant — Si j'avais gagné le gros lot ! ! — Voyons donc ça !... voyons donc ça !...

Le jeune homme s'élança dehors et reparut bientôt, une liste des numéros gagnants à la main et la mine fort déconfite.

— Eh bien? — demandèrent toutes les voix, excepté celle de Couvreur.

— Rien, mes enfants! — Pas seulement un sou belge!... et c'est d'autant plus désobligeant que si, au lieu d'acheter mes deux billets seulement j'avais acheté les quatre, qui se faisaient suite je m'en souviens, j'aurais gagné cinq cent mille francs.

— Il n'y a qu'un billet entre le gros lot et moi!..

— Quels numéros avais-tu donc? — demanda Frémy.

— 7,979,996 et 7,979,997.

— Et quel numéro gagne le gros lot?

— *Sept millions neuf cent soixante-dix-neuf mille neuf cent quatre-vingt-dix-neuf!*

En entendant énoncer ce chiffre, Adrien Couvreur bondit comme un fou.

— Hein! qu'est-ce que tu dis? — s'écria-t-il en s'élançant près de Jacques Lavaud. — C'est le numéro 7,979,999 qui gagne?

— Mais parfaitement mon vieux copain!... Tiens, regarde...

Et le jeune homme désignait du doigt, sur la liste, le numéro gagnant.

— Mon Dieu !... mon Dieu !... mais c'est vrai !... c'est vrai !... — s'écria Adrien, chancelant.

— Est-ce que ce veinard-là aurait décroché la timbale, par hasard ? — murmura Frémy.

Couvreur semblait au moment de défaillir.

— Qu'est-ce qu'il a ? qu'est-ce qui lui prend ? — firent plusieurs voix.

XXXVII

Un véritable délire semblait s'être emparé d'Adrien Couvreur.

— Ah! mes amis, que je suis heureux! — s'écria-t-il — heureux à en perdre la tête! — Elle ne signera pas ce contrat maudit!... Elle ne se mariera pas! C'est moi qui la sauverai!...

Et le jeune homme s'élança dehors, bousculant, pour sortir plus vite, les garçons ahuris qui se trouvaient sur son passage.

***

Placide Joubert, convaincu que le billet de loterie légué par Estival à Claire Gervais n'existait plus depuis longtemps et que, de ce côté, rien ne menaçait de compromettre le succès de ses plans, avait passé une excellente nuit.

Il déjeuna chez lui de bon appétit, prit une voiture et se fit conduire au palais de l'Industrie, où il entra dans les bureaux de l'administration de la loterie des Arts industriels.

La foule était nombreuse.

Les gagnants venaient réclamer leurs lots.

Joubert s'approcha d'un employé et lui dit :

— Je désirerais voir monsieur le directeur.

— Pour affaires personnelles? — demanda l'employé.

— Pour affaires d'administration.

— C'est que plusieurs personnes attendent.

— Vingt francs pour vous si vous m'introduisez sur-le-champ...

— Venez, monsieur...

Et l'employé, faisant passer le nouveau venu par un couloir, ouvrit devant lui la porte du cabinet directorial.

— Monsieur le directeur — dit Joubert en saluant — excusez-moi si je vous dérange... — Ma visite sera courte et son but est sérieux... — Je viens vous prier de vouloir bien me faire payer le lot de cinq cent mille francs...

— Vous avez gagné le gros lot, monsieur! — s'écria le directeur.

— Mon Dieu, oui, s'il est exact, comme l'attestent les listes imprimées, que ce lot soit dévolu au numéro 7,979,999...

— C'est parfaitement exact.

— Alors, monsieur, voici ce numéro... — fit Placide avec le plus grand calme, en tirant le billet de son portefeuille et en le présentant au directeur, qui dit en le prenant :

— Et cela ne vous émeut pas plus que ça, de gagner cinq cent mille francs !...

— Qu'est-ce que vous voulez que ça me fasse ?

— Mais, un demi-million, c'est une fortune...

— Pas pour moi, qui suis très riche... — Soyez assez bon, monsieur, pour vérifier le plus tôt possible... J'ai des affaires...

— La vérification sera courte...

Et le directeur, s'adressant à un de ses sous-ordres, ajouta :

— Donnez-moi le livre à souche du numéro 7,979,999.

Le registre, identiquement semblable à ceux que nous avons vus rue des Saussaies, dans l'atelier de Marchal, avait été placé devant le directeur qui se livrait à un minutieux examen du billet.

Placide, malgré le prodigieux calme qu'il affectait, éprouvait un trouble intérieur fort grand, trouble qui ne fit que grandir en s'entendant poser la question suivante :

— Où avez-vous acheté ce billet ?

— Ma foi, monsieur, je ne sais plus trop. — Dans un bureau de tabac, je crois. — J'en avais pour une cinquantaine de francs.

— C'était de l'argent bien placé pour vous...

— En effet.

— Vous habitez Paris ?

— Oui, monsieur.

— Veuillez me donner votre nom et votre adresse.

Donner un faux nom et une fausse adresse était chose dangereuse.

L'homme d'affaires n'eut pas même un moment d'hésitation et répondit :

— Placide Joubert, rue Geoffroy-Marie, numéro 1...

— Alors, monsieur, c'est de vous qu'il est question dans les journaux, à propos du mariage de votre fils avec une jeune fille plusieurs fois millionnaire ?

— C'est de moi... Le contrat se signe ce soir.

— Voilà cinq cent mille francs que vous pourrez

déposer dans la corbeille de la mariée... — dit le directeur en souriant.

— J'ai l'intention de le faire.

— Vous êtes généreux, monsieur !

— C'est un assez mince mérite quand on possède une grande fortune...

La vérification ne dura qu'une seconde.

Le billet s'adaptait de façon régulière à la souche du registre. — Marchal avait pris ses mesures pour qu'il ne pût en être autrement.

— Je vais, monsieur, vous remettre un chèque de cinq cent mille francs, à vue sur la Banque de France. — Vous voudrez bien m'en donner reçu...

Joubert échangea le reçu contre le chèque, quitta le cabinet directorial, rejoignit sa voiture, se fit mener à la Banque de France et encaissa un demi-million.

Ensuite il rentra chez lui, fit une toilette de cérémonie, et partit pour les îles Sainte-Catherine où nous savons qu'un grand dîner précédait la signature du contrat.

*
**

En sortant du restaurant de la *Belle-Polonaise*, Adrien Couvreur s'était jeté dans un fiacre, et ce fiacre l'avait conduit à la gare de Vincennes.

Il ressemblait à un homme ivre ; le désordre le plus complet régnait en effet dans son cerveau, et nos lecteurs ne feront nulle difficulté de convenir que ce désordre était bien justifié.

Entrevoir le salut, le succès, le bonheur, au moment où tout semblait perdu sans ressource, il y a certes là de quoi perdre un peu la tête, et Adrien la perdait beaucoup ; mais il devait rentrer bien vite en pleine possession de lui-même.

Il descendit de voiture juste au moment où un train allait partir.

A midi et demi arrivait à Saint-Maur, et se mettait à courir de toute la vitesse de ses jambes jusqu'à l'endroit où son canot était amarré.

En moins de cinq minutes, il eut gagné sa demeure.

Dans la pièce qui lui servait d'atelier un cadre était accroché à la muraille, au milieu de tableaux et d'aquarelles.

Ce cadre renfermait sous verre le billet de loterie que Claire lui avait donné, le soir où, mourant de faim, elle tombait anéantie à la porte de l'hospice Saint-Antoine.

Adrien brisa le verre, détacha le billet dont un

peu de gomme maintenait les quatre angles, le mit dans son portefeuille, rejoignit son canot, traversa de nouveau la Marne et prit sa course dans la direction de Saint-Maur.

Trois minutes plus tard, il montait en chemin de fer.

— Pourvu que j'arrive à temps !... — murmurait-il. — Arriverai-je à temps, mon Dieu ?... Arriverai-je à temps ?

A trois heures moins dix minutes, il sortait de la gare, place de la Bastille.

Les bureaux de la loterie fermaient à quatre heures.

— Vingt francs pour vous — dit-il à un cocher, — si vous arrivez dans vingt minutes au palais de l'Industrie...

— Montez, nous y serons...

Le cheval était bon et le cocher voulait gagner son louis.

Le trajet fut accompli en dix-neuf minutes.

Après avoir donné la pièce d'or si bien gagnée, le jeune peintre pénétra dans les bureaux de la loterie, beaucoup moins encombrés que le matin.

— Que voulez-vous ?... — lui demanda un employé grincheux.

— Parler à M. le directeur.

— Il n'est pas seul... — Attendez un instant.

— Mais...

— Je vous dis d'attendre.

Adrien attendit donc, les pieds dans le feu littéralement.

Enfin, une dame sortit.

Le directeur était seul avec ses sous-ordres.

Couvreur entra.

— Monsieur — fit-il en ouvrant son portefeuille pour y prendre son billet — je viens toucher le gros lot...

— Vous voulez dire un gros lot... — Quel numéro?

— *Sept millions neuf cent soixante-dix-neuf mille neuf cent quatre-vingt-dix-neuf...*

Le directeur se dressa, comme mû par un ressort.

— 7,979,999 ! — s'écria-t-il. — Mais c'est le numéro qui a gagné cinq cent mille francs !...

— Oui, monsieur... — Voici le billet, et je viens toucher....

Les employés prêtaient l'oreille avec autant d'étonnement que de curiosité.

XXXVIII

Le directeur toisa Adrien de haut en bas, puis il prit le billet qu'il ouvrit vivement.

C'était bien le numéro 7,979,999.

— Voilà qui est plus que singulier! — dit-il. — Où avez-vous acheté votre billet, monsieur?

— Je ne l'ai point acheté — répliqua Couvreur. — On me l'a donné.

— Ah! on vous l'a donné?

— Oui, monsieur.

— Qui, s'il vous plaît?

— Peu vous importe, monsieur... — Il m'appartient, cela suffit.

— Vous vous nommez?

— Adrien Couvreur.

— Votre profession ?

— Peintre en décors.

— Vous demeurez ?

— Aux Îles Sainte-Catherine, à Créteil.

La voix du jeune homme était ferme et bien posée, sa parole nette ; — son attitude ne témoignait d'aucun embarras : — il tenait la tête haute, et les questions auxquelles il devait répondre ne semblaient pas lui causer la moindre inquiétude.

— Le registre à souche !... — commanda le directeur qui, prenant sur son bureau le billet payé, le matin, à Placide Joubert, le comparait à celui que Couvreur venait de lui remettre et les trouvait absolument identiques.

— Etrange !... — murmura-t-il en ouvrant le registre et en présentant à la souche le second billet qui, naturellement, s'y ajustait non moins bien que le premier. — Que signifie ce nom d'*Estival* écrit là, derrière, comme l'endos d'une lettre de change ? — ajouta-t-il en montrant à Adrien la signature de feu Joachim Estival.

— Je l'ignore, monsieur.

— La personne qui, selon vous, vous a donné ce billet, ne s'appelait point ainsi ?

— Non, monsieur.

— Veuillez vous asseoir un instant...

Et, après avoir fait un signe aux employés, le directeur sortit de son cabinet.

Adrien, ne comprenant absolument rien à ce qui se passait, s'impatientait de toutes ces lenteurs.

Dix minutes s'écoulèrent.

Enfin la porte s'ouvrit et le directeur reparut.

Il n'était pas seul.

Un commissaire de police, ceint de son écharpe, et deux agents en bourgeois l'accompagnaient.

Le commissaire suivit le directeur à son bureau, examina les deux billets portant le même numéro et les présenta à la souche, où ils s'ajustaient l'un comme l'autre; puis ces paroles furent échangées à voix basse :

— Evidemment il y a fraude — disait le commissaire. — Mais lequel des deux billets est faux ? — Vous n'en êtes pas certain vous-même...

— Non...

— Je vais envoyer à l'instant même un de mes agents avertir le procureur de la république et le chef de la Sûreté... — Quant au jeune homme que voilà, dans le doute, nous allons le garder jusqu'à l'arrivée de ces messieurs.

Et le commissaire alla donner tout bas un ordre à un de ses hommes qui sortit.

Couvreur perdait patience :

— J'attends, monsieur... — fit-il... — et je suis fort pressé...

— Il faut cependant attendre encore... — répliqua le commissaire.

— Mais je viens pour toucher un lot gagné.

— Avant de le toucher, vous aurez à donner une petite explication à M. le procureur de la république...

— Au procureur de la république, moi ! — s'écria Adrien stupéfait.

— Vous-même.

— Qu'est-ce que cela signifie ?

— Cela signifie que le billet présenté par vous pour toucher le gros lot est probablement faux, car le billet gagnant a été présenté et payé ce matin...

Couvreur devint livide.

— Présenté... payé... — bégaya-t-il, — C'est impossible !...

— C'est cependant certain... — Voyez.

Et le directeur lui mit sous les yeux le billet de Joubert.

— Mais ce billet est faux ! — dit Couvreur.

— Celui-là ou le vôtre... — fit le commissaire. — C'est à vous de nous éclairer...

— Vous ne m'accusez pas, moi, monsieur, j'espère?... — balbutia le jeune homme avec épouvante.

— Je ne puis pas plus vous accuser qu'accuser le porteur du premier billet... Mais je dois vous garder jusqu'à l'arrivée du Procureur de la République. — Nous sommes en présence d'une fraude indiscutable. — L'un de ces billets est faux... — Nous voulons savoir lequel...

— C'est horrible, cela, monsieur !...

— Qu'importe un retard de peu de durée ?

— Ce retard va causer le malheur de deux existences !... le billet que voilà m'a été donné, je vous le jure... Il est impossible qu'il soit faux !... — Les cinq cent mille francs qu'il représente devaient me servir ce soir à sauver celle de qui je le tiens, et que chaque minute écoulée maintenant rapproche de l'heure de son sacrifice.

— Quelle histoire invraisemblable nous racontez-vous là ? — fit le commissaire — Les cinq cent mille francs que vous veniez réclamer devaient servir au salut de la personne de qui vous prétendez tenir ce billet?

— Oui, monsieur... et, si invraisemblable que cela vous paraisse, c'est la vérité...

— Comment cela?

— Cette personne est une jeune fille... elle se

croyait sans famille et elle était pauvre. — Elle a retrouvé sa mère et elle a des droits à toucher un grand héritage, mais ni la mère ni la fille ne possèdent l'argent nécessaire pour acquitter les droits réclamés par le fisc... des droits énormes... quatre cent vingt-cinq mille francs... et, faute de paiement, les trois millions cinq cent mille francs de cet héritage allaient être acquis à la ville d'Alger selon les dispositions testamentaires du défunt... — Un homme riche s'est trouvé alors qui voulait bien consentir à avancer la somme, mais à la condition que la jeune fille, l'héritière, épouserait son fils... — Et la pauvre enfant se sacrifie pour assurer une tranquille vieillesse à sa mère, qui est aveugle... — Le contrat se signe aujourd'hui... — En apprenant que le billet de Claire gagnait cinq cent mille francs, j'ai failli devenir fou de joie! — Ces cinq cent mille francs, j'espérais les lui porter ce soir, et alors rien ne l'empêcherait plus de rompre le mariage exécré qu'on lui impose!...

Le directeur de la loterie écoutait parler Adrien avec un intérêt grandissant.

La jeune fille au gros héritage et le contrat qu'on devait signer le soir même l'avaient frappé.

Il se souvenait de ce que lui avait dit, quelques heures auparavant, le gagnant du gros lot.

— Comment se nomme la jeune fille ? — demanda-t-il vivement à Adrien.

— Elle se nommait Claire Gervais avant d'avoir retrouvé sa mère...

— Et, maintenant?...

— Maintenant, elle s'appelle mademoiselle de Rhodé...

— Et celui qu'elle épouse ?

— Léopold Joubert... le fils du subrogé tuteur de l'héritière... l'homme d'affaires de la rue Geoffroy-Marie...

— Monsieur le commissaire — dit le directeur — l'histoire que vient de vous raconter ce jeune homme est vraie... — M. Joubert m'a parlé lui-même, ce matin, du contrat de son fils qui se signe ce soir...

— M. Joubert ?

— Oui. — C'est à lui que j'ai payé les cinq cent mille francs du gros lot.

— C'est à lui !... C'est à Joubert !! — s'écria Couvreur. — Tout à l'heure vous me parliez d'invraisemblance !! — C'est cela qui est invraisemblable !... C'est cela qui est incroyable !!

— Soyons calmes ! — fit le commissaire. — Il s'agit d'établir les faits... — Donc, c'est mademoiselle de Rhodé qui vous a donné ce billet ?

— Oui, monsieur, lorsqu'elle n'était que Claire Gervais...

— Vous connaissez madame de Rhodé, sa mère ?

— Oui, monsieur... — La semaine dernière, pendant la nuit du grand orage, j'ai eu le bonheur de lui sauver la vie !!...

— Lui sauver la vie !... Comment ?

— En la retirant de la Marne, où elle se noyait.

— Elle se noyait dans la Marne, au milieu de la nuit !!

— Oui, monsieur... Un accident... Un accès de somnambulisme sans doute...

XXXIX

Le commissaire poursuivit :
— Vous aimez la fille de madame de Rhodé ?
— Oui, monsieur — répondit Adrien avec émotion — je l'aime de toute mon âme... Je devais l'épouser quand elle était pauvre et sans famille, et je voulais, en lui portant aujourd'hui même les cinq cent mille francs gagnés par son billet, l'empêcher de se sacrifier pour sa mère.
— Où demeurent madame et mademoiselle de Rhodé ?
— Aux îles Sainte-Catherine, à Créteil...
— Je vois le nom d'*Estival* écrit sur l'envers du billet présenté par vous... Qu'est-ce que ce nom ?
— Je l'ignore... — J'ai déjà dit cela à M. le directeur de la loterie...

— De qui mademoiselle de Rhodé tenait-elle ce billet ?

— Je l'ignore aussi…

En ce moment arriva le procureur de la république, accompagné du chef de la Sûreté.

— Que se passe-t-il, messieurs ? — demanda le magistrat.

Le commissaire de police le mit au courant de la situation.

En entendant prononcer le nom de Joubert, il tressaillit ; puis, s'adressant au chef de la Sûreté :

— N'est-ce point au sujet de ce Joubert — fit-il — que le directeur de l'Assistance publique nous a remis des notes en nous priant de faire surveiller ses agissements…

— Oui, monsieur., — répliqua le chef de la Sûreté — il s'agissait d'une jeune fille, enlevée tout enfant à sa mère, et dont il cherchait les traces…

— Ces rapprochements sont au moins singuliers… — Montrez-moi les deux billets.

Après un examen attentif, le procureur de la république s'écria :

— C'est à s'y méprendre !… Ils sont identiques, mais le nom écrit au verso de celui-ci nous fournira, je l'espère, une indication utile… — C'est ce soir, m'avez-vous dit, monsieur le commissaire, qu'on signe le contrat de mariage de mademoiselle de Rhodé ?

— Oui, monsieur...

— A quelle heure ?

Le commissaire se tourna vers Adrien, comme pour l'interroger.

— A dix heures... — répondit-il.

— Il en est six... — fit le magistrat en consultant sa montre. — Combien faut-il de temps pour aller aux îles Sainte-Catherine en voiture, monsieur Couvreur ?

— Deux heures au moins.

— Nous allons vous conduire chez madame de Rhodé, monsieur Couvreur, et là nous saurons si c'est bien sa fille qui vous a remis le billet présenté par vous ici...

— Je suis à vos ordres...

— Monsieur le directeur, j'aurai besoin de votre présence...

— Je vous accompagnerai, monsieur...

— Nous dînerons dans un restaurant aux environs de la place de la Bastille et nous partirons ensuite pour les îles Sainte-Catherine.

Deux voitures à quatre places emmenèrent tout le monde et firent halte devant un restaurant du boulevard Beaumarchais.

Les magistrats dînèrent avec le directeur de la loterie.

Adrien qui, sans être positivement en état d'arrestation, n'était pas non plus tout à fait libre, prit son repas sous la surveillance discrète et déguisée des deux agents.

A huit heures du soir, on remontait en voiture, et l'on suivait le chemin de Créteil.

*
**

La journée s'était passée tristement à la villa des îles Sainte-Catherine.

Depuis le matin, Claire pleurait.

Jusqu'à ce jour elle avait conservé une sorte de vague espérance qui, bien que ne reposant sur aucune base sérieuse, la soutenait.

Mais maintenant tout était fini.

L'heure était proche où elle allait faire d'une façon définitive le sacrifice d'elle-même, de son cœur, de son avenir.

Le désespoir s'emparait de son âme.

La pensée qu'elle se sacrifiait pour sa mère lui donnait seule la force de lutter contre ce désespoir, de gravir le calvaire jusqu'au bout.

Et, se livrant aux mains d'une femme de chambre envoyée par Placide Joubert, elle s'était laissée parer pour la fête du soir.

Quand elle descendit vers cinq du soir au salon où l'attendait Léopold, le gommeux fut littéralement ébloui de sa beauté, quoiqu'elle eût les joues pâles et les paupières rouges.

A six heures, les premiers invités commencèrent à arriver.

Placide Joubert les présentait à l'aveugle et à Jeanne-Marie.

On était au complet à sept heures ; — un maître d'hôtel très décoratif, engagé pour la circonstance, vint annoncer que madame de Rhodé était servie, et Pauline passa dans la salle à manger, conduite par le subrogé-tuteur, père du futur.

Claire avait frissonné de la tête aux pieds en posant la main sur le bras de Léopold radieux et triomphant.

La table était élégamment servie, éclairée à *giorno* et couverte de fleurs.

Quoique préparé par les soins d'un restaurateur suburbain, le dîner se trouva bon et les vins, qui sortaient de la cave de Joubert, furent proclamés de premier ordre.

A dix heures moins un quart les convives quittèrent la salle à manger et passèrent au salon, transformé ce soir-là en une véritable serre ornée des plantes les plus rares.

Une table, recouverte d'un tapis de velours rouge et derrière laquelle devaient s'asseoir maître David et son collègue, en occupait le point central.

On laissa le temps aux convives d'admirer les magnificences de la corbeille offerte par Léopold à sa fiancée ; puis les notaires prirent place. Maître David fit entendre un : *Hum !... hum !...* significatif, et un grand silence s'établit, tandis que Placide tirait de sa poche et étalait sur le velours rouge des liasses de billets de banque.

La lecture du contrat allait commencer.

Dix heures sonnèrent.

A la minute précise où retentissait le dernier coup, le maître d'hôtel décoratif ouvrit la porte du salon et, d'une voix sonore, au milieu de la stupeur générale annonça :

— Le procureur de la République...

Et le magistrat franchit le seuil, précédant un groupe formé du directeur de la loterie des Arts industriels, du chef de la Sûreté, du commissaire de police du quartier des Champs-Elysées, et d'Adrien Couvreur, en proie à une émotion plus facile à comprendre qu'à décrire.

Joubert devint pâle comme un mort et ses lèvres tremblèrent.

— Adrien!... — murmura Claire en voyant le jeune homme et en appuyant la main sur son cœur.

— Quel motif amène ici, ce soir, le procureur de la République ?... — demanda l'aveugle, en se levant avec une extrême agitation et une inquiétude instinctive.

Le magistrat s'approcha d'elle et lui dit d'un ton respectueux :

— Rassurez-vous, madame... — Il ne se passe rien d'où puisse résulter pour vous quelque ennui. — Ma présence chez vous en ce moment est motivée par le désir et par le devoir d'éclaircir certains fait obscurs... — Aussitôt ces éclaircissements obtenus, nous vous laisserons aux solennités familiales que je regrette d'interrompre...

Se dirigeant alors vers Claire, le procureur de la République continua en s'inclinant:

— C'est à mademoiselle Jeanne-Marie de Rhodé que j'ai l'honneur de parler ?

— Oui, monsieur... — balbutia la jeune fille.

— Je vais, mademoiselle, vous adresser une question.

— J'y répondrai de mon mieux, monsieur...

— Est-il vrai, mademoiselle, que vous ayez remis, il y a de cela un mois ou cinq semaines, un billet de la *Loterie des Arts industriels* à monsieur Adrien Couvreur que voilà !

Placide comprit.

De pâle qu'il était, il devint livide, et jeta du côté des issues du salon un regard effaré.

Mais dans l'entrebâillement des portes il aperçut des figures sur le compte desquelles son coup d'œil plein d'expérience ne pouvait se méprendre. Elles appartenaient à des agents.

Donc impossible de disparaître.

Claire répondit à la question du magistrat :

— Oui, monsieur... — Ce billet, M. Adrien Couvreur l'a reçu de moi.

— Voulez-vous m'apprendre de qui vous le teniez?... — reprit le procureur de la République.

— C'est facile, monsieur, et il se trouve ici plusieurs personnes qui pourront attester la vérité de mes paroles... M. le notaire David, entre autres, et M. Joubert... — Ce billet m'a été légué par testament.

LV

— Par testament, — répéta le magistrat surpris.

— Monsieur le procureur de la République — dit le notaire David — le fait paraît bizarre, mais il est exact.... — Mademoiselle Jeanne-Marie de Rhodé, avant d'avoir retrouvé sa mère s'appelait Claire Gervais, et le billet lui était légué par le testament de M. Joachim Estival, testament instituant M. Placide Joubert légataire universel.

— Vous souvenez-vous du numéro de ce billet ?

— Ce numéro, inscrit dans le testament, devait être, si j'ai bonne mémoire : *sept millions neuf cent soixante-dix neuf mille neuf cent quatre-vingt dix neuf.*

— Alors, c'est bien celui-ci ? — demanda le

magistrat en présentant un billet de loterie à Claire, qui le prit, l'examina et, après l'avoir retourné, répondit :

— C'est bien le même numéro, monsieur; mais ce n'est pas mon billet...

— A quoi voyez-vous cela ? mademoiselle ?

— Mon billet, celui dont le testament m'avait fait don, e' ⁓ ⁓ j'ai remis à M. Adrien Couvreur, portait sur l envers du papier la signature de M. Estival.

— Alors, c'est donc celui-ci ?

Et le procureur mit sous les yeux de la jeune fille le second billet.

— C'est celui-ci, oui, monsieur... aucun doute à cet égard n'est possible. Mais comment se fait-il qu'il se trouve deux billets portant le même numéro ?

— M. Joubert pourra sans doute nous l'apprendre... — dit le magistrat en se tournant vers l'homme d'affaires dont les jambes flageollaient. — Voyons, monsieur Joubert, expliquez-nous d'où vous vient ce billet grâce auquel vous avez pu toucher, ce matin, au palais de l'Industrie, le gros lot de cinq cent mille francs ?

Placide se se sentit perdu.

Un frisson secoua ses membres.

Ses tempes se mouillèrent de sueur.

Cependant il essaya de se défendre, quoique sans espoir.

— Ce billet, je l'ai acheté... — balbutia-t-il.

— Où?

— Je ne sais pas au juste... — chez un marchand de tabac, je crois... avec plusieurs autres.

— Chez un marchand de tabac? — Où demeure ce marchand?

— Je ne me souviens pas...

— Vous avez la mémoire courte !

— Le fait était de peu d'importance.

— Monsieur Joubert, je vous déclare en état d'arrestation...

— En état d'arrestation !... Moi !... — s'écria Placide.

— Oui... jusqu'au moment où la mémoire vous sera revenue et où vous nous donnerez la preuve que vous avez bien acheté ce billet faux...

Joubert se laissa tomber, écrasé, anéanti, sur le siège qu'il occupait un instant auparavant.

Le procureur de la République dit quelques mots à voix basse au chef de la Sûreté.

Celui-ci fit un signe.

Un des agents postés dans l'entrebâillement des

portes s'approcha tout aussitôt et, d'une main expérimentée, fouilla Placide.

Une indicible épouvante s'était emparée de tout le monde. — Léopold sentait sa petite cervelle d'oiseau déménager complètement.

L'agent tira de l'une des poches de Joubert un portefeuille et le remit au procureur de la République, qui l'ouvrit et examina son contenu.

Rien de suspect ne lui apparut d'abord, mais une feuille volante attira en dernier lieu son attention. — Ses sourcils se froncèrent.

— Qu'est-ce que cette Lucienne Bernier dont je trouve ici la signature ? — demanda-t-il à l'homme d'affaires.

Placide ne put répondre.

Ses dents claquaient. — Sa gorge était serrée comme dans un étau.

Léopold s'était levé.

— Lucienne Bernier... — répéta-t-il d'un air ahuri.

— Vous la connaissez ?...

— Si je la connais ?... Je vous crois que je la connais !... — C'était...

— Votre maîtresse, sans doute ?...

— Il est certain que nous avions des bontés l'un pour l'autre...

— Savez-vous de quoi cette femme s'accuse sur ce papier trouvé dans le portefeuille de votre père?

— Lucienne s'accuse de quelque chose! — Vous m'étonnez, monsieur! Elle qui prétend avoir toujours raison!

— Ecoutez! — Il s'agit d'un nouveau crime dont votre père semble avoir été complice... — dans tous les cas, il ne l'ignorait point...

Et le magistrat lut à haute voix :

« *Moi, Lucienne Bernier, je m'accuse d'avoir volé, le 18 mars dernier, à madame Alexandrine Touret, modiste, rue Caumartin, deux coupons de dentelles, et d'avoir volontairement fait accuser Claire Gervais de ce vol, dont elle était innocente* ».

— Ah! la coquine! — glapit Léopold, n'ayant plus conscience de ce qu'il disait. — Elle s'entendait avec papa pour perdre Claire qu'on voulait m'empêcher d'épouser, parce qu'elle n'avait pas un radis!...

— C'est horrible!.... — murmura la jeune fille en cachant son visage dans ses deux mains.

— Il y a quelque chose de plus horrible encore, monsieur le procureur de la République! — dit tout à coup, en s'avançant, le médecin de Jeanne-

Marie — c'est la tentative d'assassinat commise, il y a huit jours, sur madame de Rhodé — et de cette tentative j'accuse M. Placide Joubert !...

— Dès demain, M. le chef de la Sûreté commencera une enquête au sujet de cette affaire qui va être confiée à un juge d'instruction... Qu'on emmène cet homme à Paris, sous bonne garde, et qu'on le tienne à la disposition du parquet.

Joubert, à peu près sans connaissance, fut entraîné, ou pour mieux dire, emporté.

— Messieurs — ajouta le magistrat, en s'adressant aux notaires — veuillez distraire de la somme étalée sur la table cinq cent mille francs qui appartiennent à mademoiselle Jeanne-Marie de Rhodé, et les lui remettre... ils lui serviront à payer les droits de mutation de son héritage... — Quant au reste de la somme, gardez-la jusqu'à nouvel ordre par devers vous sous votre responsabilité personnelle... Monsieur Couvreur, vous êtes libre... Recevez toutes mes félicitations... Vous devez être fier !... — Madame de Rhodé vous doit la vie et sa fille, grâce à vous, a le droit d'être heureuse !...

— Merci, mon fils ! — dit l'aveugle en ouvrant ses bras au jeune homme qui s'y précipita.

Claire, rougissante et souriante, lui tendit ensuite la main qu'il pressa contre ses lèvres.

Huit jours après les événements que nous venons de raconter, les droits de mutation étaient payés au fisc, grâce à l'argent béni du gros lot, et on signait dans la petite maison d'Adrien le contrat de mariage du jeune peintre avec Claire.

Quinze jours plus tard on célébrait le mariage des deux fiancés.

Deux mois après Lucienne Bernier qui, ayant eu l'imprudence de venir à Paris, s'était fait arrêter, passait en cour d'assises avec Placide Joubert, Marchal et Baudoin, ces deux derniers extradés, à leur grand étonnement.

Elle était condamnée à cinq ans de réclusion, et les trois hommes à vingt ans de travaux forcés.

Le jugement attribuait tous les capitaux de Placide aux administrations de la *loterie des Arts industriels* et de la *loterie Tunisienne*, à titre de restitution.

Claire était bien vengée!...

On rencontre dans Paris, à droite et à gauche, de ci, de là, au coin des rues, sur les boulevards, un long et maigre camelot, aux jambes cagneuses, aux yeux de merlan cuit, aux cheveux roussâtres collés sur les tempes, sous les trois étages de sa casquette.

Il a des imprimés sur le bras et crie d'une voix glapissante :

— Demandez la grrrande nouvelle !...

Ce camelot est l'ex-gommeux Léopold Joubert.

En Touraine, sur les pentes d'un coteau dominant la vallée de la Loire, se dresse un adorable petit château Renaissance construit au milieu d'un parc aux futaies séculaires.

C'est là que vit heureux avec sa jeune femme adorée Adrien, qui a quitté les décors de théâtre, mais non la peinture, et qui est en train de se faire un nom comme paysagiste.

Auprès d'eux, et promenant deux bébés exquis dont l'aîné n'a pas encore trois ans, Pauline de Rhodé à qui l'oculiste des Quinze-Vingts a rendu la vue, et Thérèse boitant pas mal, mais bénissant sa jambe cassée, cause indirecte de tout ce bonheur.

Marie-Jeanne aussi, Marie-Jeanne, la pupille de l'Assistance publique, a sa part de joie en ce monde.

Pauline de Rhodé s'est souvenue que, pendant quelques minutes, elle avait pressé sur son cœur bondissant la pauvre petite égarée en l'appelant : « MA FILLE ! »

Jeanne-Marie s'est souvenue que sa voisine de

dortoir à Saint-Lazare s'était montrée pour elle bonne et compatissante, et quelle avait connu, grâce à ses confidences, le secret de la médaille d'argent.

La mère et la fille lui ont donné cent mille francs.

Elle est mariée. — Elle est honnête. — Elle est heureuse.

FIN

ÉMILE COLIN. — IMPRIMERIE DE LAGNY

www.ingramcontent.com/pod-product-compliance
Lightning Source LLC
Chambersburg PA
CBHW060637170426
43199CB00012B/1585